edition suhrkamp

Redaktion: Günther Busch

W0286290

Samuel Beckett, geboren am 13. April 1906 in Dublin, lebt heute in Paris. 1961 erhielt er den Internationalen Verlegerpreis, 1969 den Nobelpreis für Literatur. Seine Werke erscheinen im Suhrkamp Verlag. – Alfred Hübner, geboren 1940 in Pforzheim, war von 1969–71 wissenschaftlicher Assistent an der Freien Universität Berlin, 1971–72 Regieassistent am Berliner Schiller-Theater; seit 1972 ist er Dramaturg am Thalia Theater in Hamburg.

Vom 9. August bis 17. September 1971 hat Samuel Beckett am Berliner Schiller-Theater sein Stück *Glückliche Tage* inszeniert. Alfred Hübner hat die Stationen der Regiearbeit in einem Probenprotokoll festgehalten, das in doppelter Weise aufschlußreich ist – es zeichnet den Gang der Proben nach, die Arbeit mit den Schauspielern, dem Bühnenbildner etc., läßt die allmähliche Übertragung des Regiekonzepts in Spiel und Darstellung erkennen, belegt Becketts Regiestil, *und* es spiegelt den auf die konkrete Konstellation antwortenden Umgang Becketts mit seinem eigenen Stück, die Änderungen, Kürzungen, die er am gedruckten Text vorgenommen hat, um seine Inszenierungsvorstellungen zu verwirklichen. Darin knüpft der Band an die *Materialien zu Becketts ›Endspiel‹ (es 286)* an, die Probenprotokolle der Londoner *Endspiel*-Inszenierung und der Inszenierung des Stückes durch Beckett am Berliner Schiller-Theater enthalten.

In einem Anhang sind Becketts Regieanweisungen und die Änderungen am Text zusammengestellt.

Samuel Beckett
Glückliche Tage

Probenprotokoll der Inszenierung
von Samuel Beckett in der ›Werkstatt‹
des Berliner Schiller-Theaters

Aufgezeichnet von Alfred Hübner
Fotos von Horst Güldemeister

Suhrkamp Verlag

Dem Andenken Alfred Beßlers gewidmet.

edition suhrkamp 849
Erste Auflage 1976
© Suhrkamp Verlag, Frankfurt am Main 1976. Erstausgabe. Printed in Germany. Alle Rechte vorbehalten, insbesondere das der Übersetzung, des öffentlichen Vortrags und der Übertragung durch Rundfunk und Fernsehen, auch einzelner Teile.
Satz in Linotype Garamond, Druck bei Nomos Verlagsgesellschaft, Baden-Baden. Gesamtausstattung Willy Fleckhaus.

Probenprotokoll

Montag, 9. August 1971

Beckett trifft mit dem Bühnenbildner Matias nachmittags um 16.30 Uhr in Berlin ein. Beide führen Besprechungen mit dem Chefdramaturgen und dem Technischen Leiter des Schiller-Theaters. Matias' Bühnenbildmodell zu *Glückliche Tage* wird den Werkstätten übergeben.

Dienstag, 10. August 1971

Vormittags 10.30 Uhr: Bauprobe. Nach dem Modell von Matias hat die Technik provisorisch die Szene auf der Bühne der *Werkstatt* angedeutet: die Ebene und den Hügel, in dem Winnie versinkt. Auffälligste Veränderung des Modells gegenüber der Szenenanweisung (S. 97) von Bekkett: die Symmetrie des Bildes ist aufgehoben. Der Hügel befindet sich nicht in der Mitte des Bühnenraumes, sondern, vom Zuschauer aus gesehen, rechts davon. Beckett und Matias sind mit der provisorischen Dekoration nicht einverstanden. Sie wollen Winnies Platz sehr weit nach vorne ans Publikum heranrücken. Man wird dazu die erste Reihe der Stühle im Zuschauerraum entfernen müssen. Das Plateau soll den Bühnenboden an der Rampe ungefähr einen Meter nach vorne überragen. Die Technik baut um. Nach den Angaben von Beckett und Matias wird ein neuer Platz für Winnie gefunden. Der Technische Leiter schlägt vor, an dieser Stelle ein Loch im Bühnenboden anzubringen, um der Darstellerin der Winnie, Frau Eva Katharina Schultz, eine bequeme Sitzgelegenheit zu schaffen. Nachdem Winnies Platz festliegt, beginnt man unter Zuhilfenahme des Modells von diesem Punkt aus die weiteren Anhöhen und den Platz von Willie anzudeuten. Besondere Aufmerksamkeit wird der Anhöhe links von der Mitte gewidmet, hinter der Willie sitzt. Sie soll fortlaufend nach links so hoch sein, daß Willie bei seinem Versuch,

Winnie zu erreichen, erst dann für den Zuschauer sichtbar wird, wenn er sich dahinter ganz links befindet. Von dort aus wird er nach vorn und dann in Richtung auf Winnie kriechen. Nachdem die Gestaltung des Bühnenraumes geklärt ist und die Maße festgelegt worden sind, gibt Beckett Erläuterungen zu den Requisiten. Er wünscht sie sich nicht naturalistisch, sondern in ihrem Aussehen verfremdet. Beispielsweise sollen Zahnbürste, Schirm und Lippenstift jeweils einen ungewöhnlich langen Griff haben. Das sei ein Stilprinzip, meint Beckett. Auch das technische Problem des brennenden Schirmes erörtert er schon jetzt. Während der Aufführung sollen zwei Schirme Verwendung finden. Ein unpräparierter, demnach ungefährlicher, mit dem Winnie zu Anfang nach Willie schlägt, und ein zweiter, präparierter, von gleichem Aussehen, der später in Flammen aufgeht. Der Austausch beider Schirme, erklärt Beckett, wird vom Publikum unbemerkt durch Willie vorgenommen werden. Offensichtlich geht es Beckett bei diesen Überlegungen sowohl um die Sicherheit als auch um die Funktionstüchtigkeit des Schirms, die er gefährdet sieht, wenn mit dem präparierten Schirm von Beginn des Stückes an gespielt wird. Eine weitere Frage Becketts gilt der Spieluhr. Als der Inspizient erklärt, bei der Inszenierung des Stückes im selben Haus vor zehn Jahren (Regie: Walter Henn) habe man eine Spieldose mit der Lehár-Melodie *Lippen schweigen* anfertigen lassen, bittet Beckett, man solle ihm diese beschaffen. Sie ist jedoch nicht zu finden. Man wird eine neue bestellen. Gegen 12 Uhr ist die Bauprobe beendet. Nach einer kurzen Besprechung mit Matias, der nur wenige Tage in Berlin bleiben wird, trifft Beckett am Nachmittag um 14 Uhr zum erstenmal die Winnie seiner Berliner Inszenierung der *Glücklichen Tage,* Eva Katharina Schultz. Er zieht sich mit ihr ins sogenannte »Heuß-Zimmer«, einen kleinen Raum im Bühnentrakt des Schiller-Theaters, zurück, um dort mit ihr erstmals die Rolle zu beraten und ihr sein Regiekonzept zu erläutern. Beckett gibt verschiedene Textänderungen sowie eine von ihm vorgenommene Untergliederung des ersten Aktes in acht Abschnitte an, die in erster Linie zur Erleichterung der Probenarbeit dienen soll. Die Untergliederung sieht folgendermaßen aus: Erster Abschnitt: vom Beginn S. 97 bis S. 101 »Alte Dinge. *Pause.* Alte Augen. *Lange Pause.*«* «Zweiter Abschnitt: von S. 101 »Weiter Winnie« bis S. 106 »*Winnie nimmt Spiegel, besichtigt Hut, legt Spiegel hin, dreht sich zum Sack. Zeitung verschwindet.*« Dritter Abschnitt: von S. 106 »*Winnie kramt im Sack, holt ein Vergrößerungsglas hervor, wendet sich wieder nach vorn, sucht nach Zahnbürste*« bis S. 111 »Willie: Es.« Vierter Abschnitt: von S. 111 »*Winnie wendet sich wieder nach vorn*« bis S. 118 »*Willie lacht noch ein Weilchen allein. Er hält inne. Pause.*« Fünfter Abschnitt: von S. 118 »[Winnie] *Normale Stimme:* Na ja, was für eine Freude jedenfalls, dich wieder lachen zu hören, Willie« bis S. 122 »*Lächeln verschwindet. Blickt zum Sonnenschirm.*« Sechster Abschnitt: von S. 122 »Ich nehme an, ich könnte – *nimmt Sonnenschirm* – ja, ich nehme an, ich könnte ... dies Ding jetzt hissen« bis S. 126 »*Stimme bricht, mit gesenktem Kopf* ... Dinge ... so wundervoll.« Siebenter Abschnitt: von S. 126 »*Lange Pause, Kopf gesenkt*« bis S. 130 »Und dann los – Hand in Hand – und die Taschen – trüb – dann weg – die letzten – menschlichen Wesen – die sich hierher verirrten.« Achter Abschnitt: von S. 130 »*Beendet rechte Hand, besichtigt sie*« bis S. 134 »*Lange Pause*«. Um der Übersichtlichkeit willen folgt hier gleich die Einteilung des zweiten Aktes, die Beckett bei anderer Gelegenheit bekannt gibt. Erster Abschnitt: vom Beginn des zweiten Aktes S. 135 bis S. 138 »O ja, große Gnaden, große Gnaden. *Pause.* Und nun?« Zweiter Abschnitt: von S. 138 »*Lange Pause.* Das Ge-

* Die Seitenangaben beziehen sich auf folgende Ausgabe des Stückes, die bei den Proben verwendet wurde: Samuel Beckett, *Glückliche Tage und andere Stücke*, Bibliothek Suhrkamp Band 98, Frankfurt a. Main 1964.

sicht. *Pause.* Die Nase« bis S. 141 »*Lange Pause.* Sachte Winnie. *Lange Pause. Rufend:* Willie! *Pause. Lauter:* Willie! *Pause.*« Dritter Abschnitt: von S. 141 »[Winnie] *Gelinder Tadel:* Ich finde dein Verhalten zuzeiten etwas seltsam, Willie, die ganze letzte Zeit...« bis S. 145 »Singe deinen alten Gesang, Winnie«. Vierter Abschnitt: von S. 145 »*Lange Pause. Plötzlich hellwacher Gesichtsausdruck*« bis S. 149 »*Sie sehen sich an. Lange Pause.*« Beckett legt Wert darauf, daß an verschiedenen Stellen des Stückes Gesten und Text deutlich voneinander getrennt werden. Er erläutert das am Beispiel des Augenwischens (S. 100): »wie lauten noch die wundervollen Zeilen – *wischt sich ein Auge* – weh mir, wehe – *wischt sich das andere Auge* – daß ich sehe, was ich sehe –«. – Beckett sagt von seiner Arbeit als Regisseur, er habe den Text studiert, als ob er von einem anderen sei. Vielleicht stamme er von einem anderen, es sei so lange her. Er fügt über die Situation Winnies hinzu: was auffalle, sei die Seltsamkeit. Hier sei alles seltsam. Diese Seltsamkeit solle klargemacht werden. Den Beginn des Stückes erläutert er Frau Schultz folgendermaßen: Indem sie, Winnie, zu sich selbst sage: »Beginne deinen Tag«, seien verschiedene Möglichkeiten offen, wie dies geschehen werde. Eine der Möglichkeiten sei der Griff nach dem Schirm, der seitlich vor ihr liege, und die Beschäftigung mit ihm. Ein Blick treffe diesen Schirm: zu früh; er sei später an der Reihe. Eine weitere Möglichkeit, den Tag zu beginnen, seien die Gegenstände, die sich im Ledersack befänden. Beckett sagt, der Sack sei »der Freund«. Während der Überlegungen über den Beginn des Stückes fragt er Frau Schultz, wie sie sich die Ausgangsposition, die Haltung, in der Winnie schlafe, vorgestellt habe. Sie demonstriert es: Kopf nach vorn auf die Arme gelegt, leicht zur Seite geneigt, damit die geschlossenen Augen für das Publikum sichtbar bleiben. Beckett meint, ob sie nicht mit einer Hand im Schlaf leicht den Ledersack berühren und die andere Hand gleichsam schützend in den Nacken legen solle. Er führt diese Haltung am Tisch selbst vor, danach nimmt Frau Schultz sie ein; Beckett steht auf und betrachtet sich dieses Bild aus einigen Metern Entfernung. Er scheint damit einverstanden. Man werde sehen. Die erste Verständigungs- und Leseprobe ist um 16.30 Uhr beendet.

Mittwoch, 11. August 1971

Um 10.30 Uhr beginnt die erste Stückprobe auf der Bühne. Die Dekoration ist entsprechend den Vereinbarungen bei der Bauprobe markiert worden. Beckett hat sich das Regiepult in der zweiten Zuschauerreihe vorne rechts aufstellen lassen. Er bedauert zu Anfang der Probe den Verlust seiner Aufzeichnungen, eines dicken roten Heftes, in dem er umfangreiche Anweisungen für die Regiearbeit festgehalten habe. Es werde auch ohne diese gehen, meint er, ist dann aber doch offensichtlich froh, als sich das verloren geglaubte Notizheft wiederfindet. Frau Schultz beginnt ihr Spiel in der Haltung, die tags zuvor geprobt worden war: Kopf nach vorn auf den Boden gelegt, den linken Arm ausgestreckt schräg nach vorn, die linke Hand den Ledersack berührend, der rechte Arm angewinkelt, die rechte Hand »schützend« im Nacken. Beckett selbst bedient die Klingel, mit der während der Proben das Weckzeichen gegeben wird. Winnie spricht ihre ersten Worte. Sehr bald unterbricht Beckett, gibt Anweisungen, wie schnell er einzelne Bewegungen und Gesten, beispielsweise das Erheben des Oberkörpers, ausgeführt wissen will. Er selbst spielt am Regiepult vor und spricht die ersten Sätze des Stückes. Es zeigt sich, daß er den ganzen Text einschließlich aller Regieanweisungen, die sich meistenteils auf Bewegungen etc., also auf die optischen Vorgänge beziehen, im Kopf hat, und daß es ihm möglich ist, an jeder beliebigen Stelle »einzusteigen«. Er hat über den

Bühnentext hinaus genaue Vorstellungen davon, mit welcher Hand Winnie einzelne Bewegungen ausführt und mit welcher Hand sie die verschiedenen Gegenstände sucht, ergreift und festhält. Für die Requisiten hat sich Beckett ein System der Handhabung und des Ablegens ausgedacht: alles »Glas« nimmt Winnie in die linke Hand: Spiegel, Lupe, Brille, Flasche. Die Arbeitsmethode des Vorspielens und des häufigen Unterbrechens wird den ganzen Vormittag über beibehalten. Man bewältigt die ersten zwölf Seiten des Textes (S. 97 bis S. 111). Dabei ergeben sich folgende Hinweise: das Erheben des Oberkörpers nach dem Erwachen solle in einer ununterbrochenen Bewegung geschehen. Wenn Winnie nach Willie schaue, habe sie immer dieselbe Kopfhaltung. Über die Art, wie sich Winnie ihrem Sack oder beispielsweise dem Schirm zuwendet, sagt Beckett, das Prinzip sei Sparsamkeit der Bewegung. Über die Art der Selbstgespräche Winnies: Wenn sie mit sich selbst spreche, sei es fast so, als ob sie mit einem Kind spreche. Beim ersten Hantieren Winnies mit Zahnbürste und Zahnpastatube rutscht die Zahnbürste auf der Schräge nach vorn ab, und die Technik muß ein Ablagebrett anbringen, auf dem Winnie die Sachen ausbreiten kann. Frau Schultz hat Schwierigkeiten bei der Zuordnung einzelner Bewegungen und Gesten zum betreffenden Text. Beckett meint, der Anfang sei vielleicht das schwerste. Er verweist auf die Wichtigkeit der Worte, die jeweils einen der von ihm festgelegten Abschnitte des ersten Aktes beenden; mit »Alte Dinge. Alte Augen« (S. 101) schließt der erste Abschnitt. Von früheren Inszenierungen her ist bekannt, daß Beckett diese Entsprechungen in Sätzen »Echos« nennt. Er benutzt während der Probe diesen Ausdruck nicht, kommt aber mehrmals auf die Korrespondenz von solchen parallel gebauten kurzen Sätzen zurück. Sie befinden sich meist an Übergängen; mit »Alte Dinge. Alte Augen« korrespondieren »Fahnenpurpur. Bleiches Banner« (S. 104). Diese drei Worte markieren allerdings nicht das Ende eines Abschnitts. Zu ihrer Bedeutung sagt Beckett, »Fahnenpurpur« sei das Leben, »Bleiches Banner« der Tod. Während dieser Probe werden drei Abschnitte in Angriff genommen und von Frau Schultz gespielt. Auf ihren Wunsch geht Beckett des öfteren im Text zurück, und man kommt insgesamt dreimal mit diesen ersten drei Abschnitten durch. Nach der Probe, die gegen 13.30 Uhr beendet ist, lobt Beckett, es sei gut gearbeitet worden.

Donnerstag, 12. August 1971

Auf Wunsch von Frau Schultz ist eine Nachmittagsprobe angesetzt. Die Technik hat einige Veränderungen an der provisorischen Dekoration vorgenommen: mit einem sogenannten »Probenrock« aus dem Kostümfundus versucht man, die Einschließung Winnies durch das Erdreich zu markieren, was jedoch nicht ganz zur Zufriedenheit der Darstellerin gelingt. Auf ihren Vorschlag werden die ersten drei Teile des ersten Aktes wiederholt und intensiv geprobt. Beckett erneuert seine Anregungen vom Vortag und gibt zusätzliche Hinweise. Das »Na ja«, das Winnie verschiedentlich einflicht, solle stets so gesprochen werden, als ob sich dahinter immer der Nachsatz »... was macht das schon...« befände. Ein Hinweis Becketts zu »wie lauten noch die wundervollen Zeilen« (S. 100) verrät, daß er auch die Wiederkehr dieser und ähnlicher Redewendungen zahlenmäßig genau im Kopf hat. Zur Verteilung der einzelnen Requisiten auf dem Boden vor Winnie präzisiert Beckett seine Angaben: Zahnbürste und Tube befinden sich rechts, alles Glas links. Beckett bittet Frau Schultz, die Gegenstände, die Winnie in ihrem Sack hat, mit mehr Ungewißheit, unsicherer, zu finden. Entgegen den Anweisungen im Text soll das Taschentuch, das Winnie aus ihrem Ausschnitt zieht, nicht gefaltet, sondern nur zusammengeknüllt sein. Das erweist sich als praktischer für die rasche Ausführung der einzelnen Gesten. Frau Schultz wiederholt im Verlauf der Probe ihre Bitte, nur die ersten drei Abschnitte des ersten Aktes zu proben und nicht weiterzugehen, damit sich das Gelernte einpräge. Beckett ist damit einverstanden. Er weist die vorsichtige Frage von Frau Schultz, ob ihm die Wiederholungen nicht langweilig würden, zurück. Nach der Bewältigung des ersten großen zusammenhängenden Monologes von Winnie in Abschnitt drei des ersten Aktes äußert Frau Schultz die Befürchtung, sie spreche vielleicht zu monoton. Beckett beruhigt sie: zur Sprechweise komme man später; es gehe vorerst allein um die Koordinierung des Textes mit den Körperbewegungen und Gesten. Eingehend erläutert Beckett das »Nein nein« auf S. 108 unten. Er sagt, Winnies Ablehnung, sich weiterhin mit dem Sack zu beschäftigen, resultiere aus ihren früheren negativen Erfahrungen; sie denke sich möglicherweise dabei: »Vorgestern bin ich damit reingefallen.« Sie sei vielleicht aufgrund einer intensiven Beschäftigung mit dem Sack zu früh mit ihrem Tagespensum fertig geworden. Gegen Ende der Probe kommt Beckett doch noch auf die sprachliche Gestaltung des Textes zu sprechen. Er erklärt, die Stimme Winnies müsse im ersten Akt sehr viel Farbe haben, da sie, so Beckett, im zweiten Akt sehr »weiß« sei. Am zweiten Probentag, das ergibt sich gegen 18 Uhr, sind die drei ersten Abschnitte angelegt. Frau Schultz betont nochmals, wie wichtig es ihr sei, daß der Anfang so sicher wie möglich »sitze«, damit sie darauf die weiteren Abschnitte des Stückes aufbauen könne. Sie glaube, diese dann leichter bewältigen zu können.

Freitag, 13. August 1971

Beginn der Probe: 10 Uhr. Eine Stunde lang werden zunächst die ersten drei Abschnitte des ersten Aktes wiederholt. Beckett greift häufig ein und korrigiert einzelne Gesten. Darstellerin und Regisseur bemühen sich gemeinsam um größtmögliche Präzision. Frau Schultz hat die Anweisungen und Korrekturen vom Vortag genau in Erinnerung und legt ihr Spiel entsprechend an. Noch macht ihr – wie sie selbst sagt – die Koordination von Bewegungen und Text viel Mühe. Sie könne sich vorerst immer nur auf das eine oder andere konzentrieren und dadurch leide entweder das sprachliche oder das optische Element ihres Spiels. Beckett zeigt Verständnis und versucht immer wieder zu helfen, indem er vorspielt, wie er sich eine Geste oder Körperdrehung vorstellt. Nach einer Stunde ist es so weit, daß man den vierten Teil des ersten Aktes erstmals probiert, was überraschend schnell geht. Dann gibt es eine Pause. Frau Schultz nutzt sie, um Beckett eine Frage zu stellen, die sie – wie sie zugibt – schon seit Empfang des Textbuches beschäftigt. Es geht um das Lachen nach Willies Feststellung, die Emse trüge Eier (S. 118). Weshalb, so möchte Frau Schultz wissen, würden die beiden an dieser Stelle lachen? Ob es sich um ein Wortspiel handle? Nein, entgegnet Beckett, beide lachten wegen der »Emse« selbst. Sie lachten über das Herumwimmeln um den Körper. Beckett: Ein grausames Bild. Das Lachen, fährt er fort, sei ohne Freude, ein »gelbes Lachen« (un rire jaune), wie es im Französischen heiße. Frau Schultz sagt, die Tragik des Stückes belaste sie. Es dürfe aber nicht tragisch gespielt werden, ist Becketts Antwort. Im weiteren Gespräch meint er über die Figur der Winnie, sie habe etwas Puppenhaftes an sich. Das werde Frau Schultz noch empfinden. Und über die Wichtigkeit der Dinge, mit denen sie sich täglich beschäftigt: sie liebe ihre Gegenstände. – Nach der Pause wird der vierte Teil des ersten Aktes wiederholt, der mit dem Lachen der beiden Personen endet. Beckett erklärt, das sei ungefähr die Mitte des ersten Aktes, und es sei nicht ohne Bedeutung, daß hier ein Lachen stehe. Zur Stimmführung Winnies erläutert er, Winnie habe drei Stimmen: eine normale, mit der sie hauptsächlich spreche, eine zweite, mit der sie sich an Willie wende, und eine dritte, mit der sie zu sich selbst spreche. Erläuternd fügt er hinzu, man könnte vielleicht annehmen, daß Willie nahezu taub und dumm sei. Danach richte sich Winnies Stimme, wenn sie ihn rufe. Befragt, weshalb Winnie ihren Dank – beginnend mit den Worten »Dank dir, Willie« (S. 114) – herunterleiere, erklärt Beckett, das hänge mit der Musikalität des Stückes zusammen. Das Leiern bilde einen Gegensatz zum Dialog, der sich zuvor zwischen den beiden entwickelt habe und der aus ganz kurzen Sätzen, aus einzelnen Wörtern bestehe. Das »Leiern« dieser Passage, so schlägt er vor, könne ein wenig atemlos klingen. Ein Hinweis, der Beckett sehr wichtig ist, gilt auch heute wieder den Requisiten: Winnie solle die Gegenstände, mit denen sie sich beschäftige, unsicher, unter viel Mühe finden. – Die Probe ist gegen 12.30 Uhr beendet.

Samstag, 14. August 1971

10 Uhr morgens: Beginn der Probe. Befragt, was zunächst getan werden solle, äußert Frau Schultz den Wunsch, das bisher Gearbeitete zu wiederholen. Man kommt gut damit voran; in eineinhalb Stunden werden die ersten vier Abschnitte des ersten Aktes geprobt, wobei der Regisseur immer wieder unterbricht, Einzelheiten des Spiels korrigiert oder neue Hinweise gibt. Frau Schultz möchte wissen, wie die Anfangsszene, das Wecken und Aufwachen Winnies, vor sich zu gehen habe. Beckett antwortet, sie könne sich durchaus in zwei Phasen erheben,

doch solle das Aufwachen nicht realistisch gespielt sein. Eine kurze Erläuterung gilt auch heute wieder dem Sack. Zwei Tage zuvor hatte Beckett erklärt, Winnie liebe ihren Sack. Heute ergänzt er: Winnie solle jedesmal, wenn dies möglich sei, die Sympathie für den Sack zum Ausdruck bringen. Zum Heben und Senken des Kopfes von Winnie merkt er an, es geschehe in der Absicht, eine innere Bewegtheit zu verbergen. Sie hebe den Kopf erst dann, wenn sie sich wieder in der Gewalt habe. Ein solches Senken und Heben des Kopfes, fügt er hinzu, komme im ersten Akt sechsmal vor. Erneut besprochen werden auch die Bewegungen Winnies bei der Drehung zu Willie. Für gewöhnlich solle sie dabei die Arme vom Boden abheben und sie – leicht angewinkelt – schräg vom Körper weghalten. Zum Tempo der Bewegungsausführung rät Beckett: gehemmte Bewegungen, aber lebhaft. Bei der heutigen Probe wird häufiger als an den vergangenen Tagen auf die sprachliche Gestaltung des Textes eingegangen. Nach Becketts Anweisung darf Winnies Stimme nicht extrem laut sein, wenn sie mit Willie spricht; sie müsse aber die einzelnen Worte deutlich akzentuieren. Winnie spreche mit Willie langsam und sehr artikuliert. Durch entsprechende sprachliche Gestaltung könne Winnies Erinnerung an den Geräteschuppen, in dem sie zum erstenmal von einem Mister Johnson, Johnston oder Johnstone geküßt wurde (S. 105), komisch wirken: der Satz »Wir hatten keinen Geräteschuppen, und er hatte ganz bestimmt keinen Geräteschuppen« solle so gesprochen werden, daß in ihm ein gewisser sozialer Stolz zum Ausdruck komme. Sie fühle sich über jenen Mann, der sie zum erstenmal geküßt habe, erhaben. Während der heutigen Probe ändert Beckett das erste Wort, das Willie in *Glückliche Tage* mit Winnie spricht: Willie antwortet nun auf die Frage, wie er sich ausdrücken würde, wenn er von seinem Kopf spräche, nicht – wie in der Übersetzung vorgesehen – »Es«, sondern »Ihn« (S. 111). Das sei komischer, meint Beckett. Korrigiert wird die tags zuvor einstudierte Szene, in deren Verlauf Winnie ihre Haare betrachtet (S. 112). Frau Schultz hatte vorgeführt, wie Winnie eine Haarsträhne vorn an der Stirn unter dem Hut hervorholt, sie dann über die Nase herunterzieht und sie betrachtet, indem sie mit beiden Augen zur Mitte hin schielt. Beckett schlägt heute vor, das Haar seitlich rechts in der Nähe des Ohrs zu fassen, es nach rechts zu ziehen und mit beiden Augen sehr stark nach rechts zu schielen. Frau Schultz ist einverstanden. Die Szene soll intensiv probiert werden, sobald die Perücke zur Verfügung steht. Gegen Ende des vierten Abschnittes kommt Beckett bei der Stelle des Lachens über die Emse (S. 118) nochmals auf die Art der Komik zu sprechen, die hier gemeint sei. Er erklärt, das sei eine wichtige Stelle. Eine Emse, das sei das Schlimmste, was Winnie sich vorstellen könne. Nach der Bewältigung der ersten vier Abschnitte gibt es eine längere Pause. Um zwölf Uhr wird der fünfte, bisher nicht geprobte Abschnitt des ersten Aktes in Angriff genommen. Beckett erläutert das Tempo und die Zäsuren, damit Frau Schultz über das Wochenende diesen Textabschnitt unter Berücksichtigung der Wünsche des Regisseurs intensiv lernen kann.

Sonntag, 15. August 1971

Keine Probe.

Montag, 16. August 1971

Auf Wunsch von Frau Schultz sollen von nun an die Proben am Vormittag eine Stunde später als am Schiller-Theater üblich, nämlich um 11 Uhr beginnen, damit sie morgens nochmals den Text vorbereiten könne. Zuerst geprobt werden – ebenfalls auf Wunsch von Frau

Schultz – Abschnitt fünf und sechs des ersten Aktes. Die Darstellerin legt bei ihrem Spiel vor allem Wert darauf, den neuen Text klar zu gliedern und die vom Regisseur geforderten Bewegungen und Gesten einzuarbeiten. Zum sechsten Abschnitt, der verhältnismäßig wenig Aktionen Winnies enthält, meint Beckett, das sei ein vokalisches Problem. Sie brauche viel Farbe und Gefühl in der Stimme. Um zwölf Uhr wird der fünfte Abschnitt wiederholt. Beckett gibt ausführliche Erklärungen zur Sprache. Zum fünften Abschnitt sagt er, es handle sich um eine Sprache mit »Löchern«. Manchmal spreche Winnie ganz schnell, hier aber so, als ob ihr die Worte zu fehlen beginnen würden. Sie habe eine gewisse Anzahl von Gegenständen und Wörtern zur Verfügung. Es bestehe die Gefahr, daß ihr beide ausgingen. Das müsse man bei ihrem Sprechen spüren. Sie suche nach Worten. Die Worte müßten manchmal aus dem Innern hervorgeholt werden. Das sei sehr dramatisch. Beckett kommt auch nochmals auf die Lautstärke der verschiedenen Stimmen zurück, mit denen Winnie spricht. Im allgemeinen sei Winnies Stimme sehr innerlich. Nur dann nicht, wenn sie mit Willie spreche. Die »Willie-Stimme« solle den Partien vorbehalten bleiben, mit denen sie sich an Willie wende. Ansonsten habe sie eine lyrische, unsichere Stimme. Gegen 12.30 Uhr ist der fünfte Abschnitt des ersten Aktes zum zweitenmal durchgespielt. Frau Schultz bittet, man möge zur Erleichterung der weiteren Proben die Dekoration deutlicher markieren. Die Technik ersetzt daraufhin während der Pause den Probenrock, der die Erde um Winnies Körper andeutet, durch ein Brett, in dem eine entsprechende Öffnung für den Oberkörper gesägt wurde. Frau Schultz empfindet später diese Veränderung als wesentliche Hilfe, da sie nun zu Bewegungen gezwungen ist, wie sie die Originaldekoration erfordert. Während der Pause meint Frau Schultz scherzhaft zu Beckett, der bei der Kritik wie immer Teile aus dem Stück auswendig zitiert und – wo es nötig scheint

– einzelne Szenen vorspielt, er wäre zweifellos eine gute Winnie, ob er sie nicht spielen wolle. Lächelnd entgegnet Beckett, er habe sie monatelang für sich in seinem Kopf gespielt, in seinem »Privattheater«. Nach der Pause ab 13.15 Uhr wird der sechste Teil des ersten Aktes nochmals geprobt. Man kommt bis zum Wegwerfen des verbrannten Schirmes. Dann unterbricht Frau Schultz nach dem Satz »Kannst du erinnern, daß dies schon mal geschehen ist?« (S. 124) und fragt, wie Winnies Reflexion über die Möglichkeit oder Unmöglichkeit der Wiederholung bestimmter Ereignisse zu spielen sei. Beckett antwortet, Winnie fühle sich in einer Gegenwart ohne Ausweg. Sie fühle, alles werde so bleiben. Wenn sie von der Vergangenheit spreche, wisse sie nicht, wovon sie spreche, denn es könne keine Vergangenheit für sie geben. Es gebe keine fließende Zeit. Mit der Zeit könne sie sich überhaupt nicht auseinandersetzen. Beckett versucht Frau Schultz zu helfen, indem er darauf hinweist, daß ihm die Schwierigkeit, diese Reflexion zu spielen, durchaus bewußt sei, und berichtet von der Pariser Aufführung des Stückes, Madelaine Renaud habe damit so viele Schwierigkeiten gehabt, daß sie die Szene nicht so spielen wollte, wie sie im Buch stehe. Sie habe den ganzen Abschnitt in den Spiegel gesprochen. Für ihn sei diese Stelle aber sehr wichtig. Dann erklärt er weiter, Winnie sage sich, das Brennen des Schirmes müsse schon einmal geschehen sein, und doch sei es unmöglich, daß es schon geschehen sei. Dieser Widerspruch beschäftige sie. Als den »Schlüssel« für Winnies Verhältnis zur Zeit verweist er auf ihren Satz im zweiten Akt: »Früher dachte ich ... *Pause.* ... ich sage, früher dachte ich, daß es zwischen dem Bruchteil einer Sekunde und dem nächsten keinen Unterschied gäbe. *Pause.* Früher sagte ich ... *Pause.* ... ich sage, früher sagte ich, Winnie, du bist unveränderlich, es gibt nie den geringsten Unterschied zwischen dem Bruchteil einer Sekunde und dem nächsten« (S. 144/145). Beckett ergänzt, es sei ihr unverständlich, daß ein Fetzen

Vergangenheit plötzlich Gegenwart werde. Den Abschluß dieser Erklärungen bildet der Hinweis, es gäbe im *Endspiel* eine ähnliche Stelle; gemeint ist damit – wie sich durch eine Rückfrage ergibt – die Stelle mit den Körnchen, mit der sich Michael Haerdter ausführlich auseinandergesetzt hat.* Zu »genug vom Erdenparadies« (S. 119) sagt Beckett, hier sei eines der verborgenen Zitate des Textes. Es stamme von Rubayat. Dieses Zitat solle »fast gesungen« werden.

Dienstag, 17. August 1971

Die Probe findet auf Wunsch von Frau Schultz am Nachmittag um 17.30 Uhr statt. Begonnen wird chronologisch mit den Abschnitten eins bis vier. Beckett unterbricht nun nicht mehr so häufig wie in den ersten Tagen, hat aber außer den Korrekturen, dic er gibt, immer noch neue Vorschläge für das Spiel. Die Korrekturen beziehen sich nun merklich weniger auf Bewegungen und Gesten als auf die sprachliche Gestaltung des Textes. So sagt Beckett beispielsweise, das »an jenem Tag, als der letzte Gast gegangen war« (S. 112), solle so gesprochen werden, als ob Winnie empfände »an jenem heiligen Tag«. – Um 19.15 Uhr ist die Wiederholung der ersten fünf Abschnitte beendet. Frau Schultz trägt an diesem Tage erstmals die Original-Brille. Sie ähnelt auffallend denen, die Beckett selbst besitzt. Der Wunsch Becketts war es, daß diese Brille, wenn sie mit geöffneten Bügeln abgesetzt und hingelegt wird, ihre Form nicht verändert, das heißt, daß die Bügel geöffnet bleiben. Frau Schultz hat Schwierigkeiten, die Brille, wie im Text vorgeschrieben, auf die Stirn zu schieben (auch dies eine häufige Geste Becketts). Es werden Überlegungen angestellt, ob die Brille mit oder ohne Glä-

* Vergleiche dazu: *Materialien zu Becketts ›Endspiel‹. Berichte und Aufsätze.* Frankfurt am Main 1968, *edition suhrkamp* 286.

ser verwendet werden sollte. Schließlich kommt man überein, Gläser in das Gestell montieren zu lassen. Aufgrund der besonderen Aufmerksamkeit, die der neuen Brille zuteil wird, kommt das Gespräch auf die Sehbehinderung Winnies, und Beckett gibt einige Auskünfte, wie diese zu spielen sei: hat Winnie die Brille nicht auf, so hält sie die Gegenstände, welche sie genauer betrachten will, wie etwa die Zahnbürste, ganz nahe vor ihre Augen. Oder sie beugt sich, sofern sie die Brille nicht trägt und Gegenstände sucht, ganz dicht zum Boden hinab. Die Brille aber beseitigt ihre Sehschwäche nur unbedeutend; auch wenn Winnie sie trägt, hält sie stets die Gegenstände dicht vor ihre Augen. Ab 19.15 Uhr wird der fünfte und sechste Abschnitt des ersten Aktes wiederholt. Frau Schultz findet für den Übergang nach »wildes Lachen unter schwerstem Weh« (S. 118) eine wichtige neue Geste. Beckett selbst hatte angeregt, Winnie solle nach dem folgenden »Und nun?« mit einem suchenden Blick zufällig ihre bloßen Arme (»all dies sichtbare Fleisch«) erfassen und danach bei verschränkten Armen mit den Händen über die Unter- und Oberarme streichen. Frau Schultz erweitert diese Bewegung, indem sie die Hände noch weiter zum Hals hebt und – noch verschränkt – dortläßt, während sie fragt: »War ich einst liebenswert, Willie?« Beckett gefällt diese Geste sehr, er schlägt vor, sie beizubehalten. Winnie solle bis zur Frage »Du kannst nicht?« (S. 119) in dieser Haltung verharren. Zu der wichtigen Frage »Und nun?«, die sehr häufig im Text auftaucht, merkt Beckett an, ihr solle jeweils eine lange Pause vorangehen. Ab 19.30 Uhr wird der siebente Abschnitt zum erstenmal geprobt. Wir wollen es »ganz kalt« machen, sagt Beckett einleitend. Er gibt zunächst einige Erläuterungen zu diesem Abschnitt und erklärt insbesondere seine Vorstellungen davon, wie einzelne Passagen des Abschnittes gesprochen werden sollen. Wieder weist er auf die Wichtigkeit des Satzes »hier ist alles seltsam« (S. 127) hin. Diese Seltsamkeit, auf die er schon während der ersten Proben zu sprechen kam, müsse im Spiel Winnies deutlich werden. – Die Ausführungen über das Singen: »ein Lied muß von Herzen kommen, das sage ich immer, aus dem Innersten hervorquellen, wie eine Drossel« (S. 127), will Beckett sehr poetisch als Zitat gesprochen haben. Hier sei ein verborgenes Zitat aus *Hamlet.* Die Feststellung »Seltsames Gefühl« (S. 127) solle Winnie so sprechen, als ob sie Angst davor habe, daß derjenige, von dem sie sich beobachtet fühle, sie auch hören könne. Besonderen Wert legt Beckett auf die exakte Koordinierung der Bewegungen des Manikürens mit bestimmten Textstellen. Jede Phase des Manikürens und der Unterbrechung dieser Tätigkeit wird ausführlich besprochen: Winnie macht sich zuerst an die Verschönerung der rechten Hand. Die erste Phase des Manikürens beginnt, wie im Text (S. 128) vorgeschrieben, kurz vor dem Satz »Es taucht da auf – in meinen Gedanken – ein Herr Pierer« (S. 128) und endet bei »geliebtes Wesen« (S. 128). Während des Satzes »Sehr brüchig heute« (S. 128) feilt sie die Nägel nicht, beginnt aber danach sofort wieder; sie unterbricht erneut bei »Pierer – Pierer« (S. 128). Bis dahin geht die zweite Phase. Die Selbstermahnung »Bleib' adrett, Winnie, das sage ich immer, komme, was da wolle, bleib' adrett« (S. 128) spricht sie, ohne die Nägel zu maniküren. Die dritte Phase der Bearbeitung der Nägel der rechten Hand ist sehr kurz, sie erstreckt sich in Übereinstimmung mit den Angaben im Text von »Nein, den hab' ich schon« (S. 129) bis »Etwas menschlicher«. Für das Maniküren der linken Hand sind drei Phasen und zwei Unterbrechungen vorgesehen. Die erste Phase reicht von »Nun denn – dieser Pierer« (S. 129) bis »Was meinst du damit, sagt er, leider Gottes?« (S. 129), die erste Unterbrechung von »Und du, sagt sie« (S. 129) bis »um des Himmels willen, sagt sie, fall!« (S. 130). Die zweite Phase des Manikürens der linken Hand ist ganz kurz, sie erstreckt sich nur auf die Sprechdauer des Satzes »Warum gräbt er sie nicht aus? sagt er«

(S. 130). Die zweite Unterbrechung ist ebenfalls kurz, nämlich nur so lange, wie die Sprechdauer des Satzgliedes »womit er dich meinte, mein Lieber« (S. 130). Die dritte Phase der Maniküre der linken Hand beginnt bei »Was hat er so von ihr?« und endet – wie im Text vermerkt – nach »die letzten – menschlichen Wesen – die sich hierher verirrten« (S. 130). Frau Schultz erarbeitet – wie von Beckett vorgeschlagen – diesen Teil des siebenten Abschnittes ganz »technisch«, wobei sie sich insbesondere auf die Koordinierung von Bewegungen und Text konzentriert. Zum Abschluß der Probe gibt Beckett noch einige Hinweise zum technischen Ablauf des achten Abschnittes des ersten Aktes. Auf die Frage von Frau Schultz, wie die Gegenstände eingepackt werden sollten, erklärt er, vor Winnie lägen links der Spiegel, die Brille, das Etui und die Lupe, rechts die Zahnpastatube, die Zahnbürste, der Revolver, der Lippenstift und die Feile, in der Mitte nur die Spieldose. Diese Gegenstände sollten nun in entgegengesetzter Reihenfolge, wie sie aus dem Sack genommen wurden, wieder eingepackt werden. Eine Ausnahme bilde der Revolver. Demnach werden Winnies Utensilien in folgender Reihenfolge im Sack verstaut: Nagelfeile, Spieldose, Lupe, Lippenstift, Brille und Etui, Spiegel und Zahnpastatube. Der Revolver bleibt links von Winnies Platz liegen. Beckett kündigt an, er wolle das Ende des ersten Aktes – allerdings nicht im Text – verändern. Willie solle Winnie noch mehr – und zwar entsprechend seinen früheren Aktionen – unterbrechen. Das Unterbrechen des Spiels geschehe nach dem Prinzip der Wiederholung. Bei der Haltung Winnies am Ende des achten Abschnittes wünscht Beckett eine Wiederholung. Der erste Akt solle mit derselben Handhaltung Winnies beginnen und aufhören. Winnie versuche, gegen Schluß des Aktes die Hände zu falten, es gelinge ihr aber nicht. Sie könne jetzt nicht mehr beten. Das sei, erklärt Beckett, wenn man so wolle, der Beginn ihres Nicht-mehr-beten-Könnens, von dem im zweiten Akt gesprochen werde. Die Probe endet um 20.30 Uhr.

Mittwoch, 18. August 1971

Wegen einer Wiederaufnahmeprobe zur Aufführung von Molières *Der Menschenfeind,* in der Frau Schultz am Vormittag beschäftigt ist, und einer Aufführung desselben Stückes am Abend können heute keine Proben für *Glückliche Tage* stattfinden. Beckett trifft sich morgens mit dem Chefdramaturgen Albert Beßler, um die Besetzung des Willie zu beraten. Werner Stock, der »Nagg« der *Endspiel*-Inszenierung Becketts von 1967 in der *Werkstatt,* der auf Wunsch des Autors den Willie hätte spielen sollen, muß aus gesundheitlichen Gründen verzichten. Ergebnis der Unterredung: Rudolf Fernau, der vor zehn Jahren unter der Regie von Walter Henn in *Glückliche Tage* der Partner von Berta Drews war, soll die Rolle auch in Becketts Inszenierung spielen.

Donnerstag, 19. August 1971

Zwei Journalisten der *BZ* kommen um 10.30 Uhr, um Beckett vor der Probe zu interviewen. Er wehrt sich heftig. Er habe nur seine Einwilligung zu einem Foto gegeben. Mehr nicht. Er spreche grundsätzlich nicht über seine Stücke. Die Journalisten bedauern lebhaft. Einer von ihnen weist darauf hin, wie gründlich er sich vorbereitet habe und welche Überraschung es auch für ihn gewesen sei, daß sich Beckett zu einem Interview bereit erklärt habe. Beckett bleibt bei seiner höflichen Ablehnung. Kurz vor elf Uhr erscheint der Technische Leiter, um die Termine für die letzten Proben vor der Premiere bekanntzugeben. Bei dieser Gelegenheit werden auch mehrere technische Probleme, wie beispielsweise die Unterbringung der Souffleuse im Hügel Winnies und die Zugangsmöglichkeiten von Frau Schultz zu ihrem Platz, erörtert. Es wird eine weitere Unterredung zwischen Regisseur und Technischer Leitung angesetzt. Um elf Uhr beginnt die Probe. Beckett wünscht zu Anfang eine Wiederholung der Abschnitte sieben und acht. Frau Schultz probiert den siebenten Abschnitt durch, der noch sehr neu für sie ist, und zwar »kalt«, wie Beckett es nennt. Nach der Wiederholung des achten Abschnittes wird die Abfolge des Einpackens der Dinge, mit denen sich Winnie tagsüber beschäftigt, auf bestimmte Sätze oder Stichworte geklärt. Im Sack müssen insgesamt sieben Gegenstände verstaut werden. Am Ende des Satzes »Es ist vielleicht noch etwas früh – um sich zu rüsten – für die Nacht –« (S. 130/131) steckt Winnie die Feile weg. Während der Sätze »und doch tue ich es – rüste mich für die Nacht – da ich sie nahe fühle – die Klingel zum Schlaf – und sage mir – Winnie – es dauert nun nicht mehr lange, Winnie – bis es zum Schlaf klingelt« (S. 131) packt sie bei »nahe fühle« die Spieldose und bei dem zweiten »Winnie« die Lupe ein. Beim ersten »Früher dachte ich« (S. 131) ist der Lippenstift und beim ersten »wieder in den Sack gesteckt« (S. 131) das Brillenetui samt Brille an der Reihe. Die Zahnpastatube räumt Winnie ein, während sie sagt: »Ich nehme an, daß dies – seltsam erscheinen könnte – dies – was soll ich sagen – dies – was ich gerade gesagt – ja –« (S. 131/132), und zwar unmittelbar vor »was soll ich sagen«. Danach folgt, wie im Textbuch (S. 132) vorgeschrieben, das Spiel mit dem Revolver. Die Zahnbürste behält Winnie in der Hand und steckt sie erst nach »Ah! Barchborsten« (S. 133) in den Sack. Beckett gesteht bei dieser Gelegenheit lächelnd ein, er habe im Text vergessen anzugeben, wann die Zahnbürste endgültig im Sack verschwinden solle; sie werde zum letzten Mal in der Szenenanweisung *»[Winnie] betrachtet Bürste genauer«* (S. 133) erwähnt, dann nicht mehr; natürlich müsse sie aber eingepackt werden. Falls während des Aufräumens die einzelnen Sätze zu lang seien und nicht von Aktionen begleitet werden könnten, solle Winnie auch hier wieder kurzsichtig – sie ist ohne Brille – nach den einzelnen Gegenständen, die vor ihr auf dem Boden liegen, suchen. Einige wichtige Hinweise zur Sprache folgen; der Regisseur macht vor allem auf die Stelle »Früher dachte ich – ich sage, früher dachte ich –« (S. 131) aufmerksam. Diese Formulierung tauche im zweiten Akt sehr häufig auf. Sie sei wichtig für Winnies Zeitverständnis. Besonderen Wert legt Beckett auf die sprachliche Durcharbeitung der beiden Sätze »Nie irgendeine Veränderung. *Pause.* Und alles immer seltsamer« (S. 132). Von Winnies Wunschvorstellung »Oder nur hin und wieder, daß du nur hin und wieder auf diese Seite herumkommst, damit ich mich an dir weide« (S. 133) solle der letzte Satzteil »kannibalistisch« gesprochen werden. Um 11.45 Uhr ist die Besprechung des siebenten und achten Abschnittes beendet. Nach einer kleinen Pause wird das Stück von Anfang an geprobt. Frau Schultz kommt überraschend gut voran; zahlreiche Schwierigkeiten, die sich in den letzten Tagen noch bei der Koordinierung von Bewegungen und Text ergeben hatten, sind beseitigt. Die Souffleuse muß weniger eingreifen. Im Verlauf der Probe baut Beckett eine zusätzliche Geste in Winnies Spiel ein. Bei »Alle Dinge dehnen sich aus, einige mehr als andere. [...] Andere weniger« (S. 116) tätschelt Winnie nicht – wie im Text vorgeschrieben – den Boden, sondern demonstriert mit den Zeigefingern beider Hände bei erhobenen Armen, wie weit die Dinge, von denen sie spricht, sich ausdehnen. Erst nach »Andere weniger« beginnt Winnie mit ihren streichelnden Bewegungen. Gegen 13.30 Uhr ist die Probe beendet. Beckett läßt Frau Schultz wissen, sie habe »sehr schöne Dinge gefunden«.

Freitag, 20. August 1971

Mit einer Viertelstunde Verspätung beginnt um 11.15 Uhr die Probe. Beckett geht mit der Schauspielerin den zweiten Akt des Stückes durch, das heißt, er rezitiert auswendig den gesamten Text und erläutert die Augenbewegungen, die Winnie ausführt. Ferner gibt er eine wichtige Textänderung für den ersten Akt bekannt. Winnies Zitat »o flüchtige Freude, o hm – hm währendes Weh« (S. 103) aus dem *Verlorenen Paradies,* das bisher in der Übersetzung von Elmar Tophoven als Zitat Verwendung gefunden hatte, läßt Beckett nun in der Version sprechen, wie sie in der von ihm bearbeiteten deutschen Übersetzung enthalten ist: »O Paradiesesfreude – hm-hm, hm-hm mit ewigem Leid erkauft«. Das Schminken, das in der ursprünglichen Fassung in der Mitte der Zeile vorgesehen ist, fällt weg. Während Beckett spricht, macht sich Frau Schultz Notizen zur Betonung bestimmter Passagen und zum Ausdruck Winnies, da der Autor einzelne Partien vorspielt. Beispielsweise zeigt er Winnies Versuche, schielend ihre Lippen, ihre Stirn, ihre Augenbrauen und Wangen zu betrachten. Starken Eindruck macht auf alle an der Probe Beteiligten die Intensität, mit der Beckett Winnies Geschichte von Mildreds Püppchen erzählt. Nachher scheint er für einen Augenblick die Probe vergessen zu haben, er fährt erst nach einem längeren Schweigen mit seinem Spiel fort. Sehr komisch sind seine Demonstration von Willies Verhalten und die Rezitation von dessen Text. Schon während der Proben des ersten Aktes hatte es sich der Autor nicht nehmen lassen, die Antworten Willies auf Winnies Fragen nach der Hörbarkeit ihrer Stimme selbst zu sprechen, da der Darsteller des Willie fehlte. Komisch wirkt auch die Demonstration der Reaktionen Winnies auf einige Aktionen Willies. Zu diesen komischen Momenten kontrastieren bei der Lesung stark die Passagen, während derer Beckett das Nichtweiterkönnen Winnies zeigt. Bei

Unterbrechungen, so wenn sich beispielsweise Rückfragen zu Änderungen der Regieanweisungen ergeben, spricht er oft für sich, fast unhörbar nochmals die betreffenden Textabschnitte durch. Die erläuternden Kommentare sind heute spärlicher als sonst. Von besonderer Wichtigkeit für das Verständnis von Winnies Situation – so sagt er – sei ihr Satz: »Damals ... jetzt ... was für Schwierigkeiten hier, für den Verstand. *Pause.* Immer gewesen zu sein, was ich bin – und nun so anders als das, was ich war« (S. 136). Beckett betont, das sei wesentlich. Auf Vorschlag von Frau Schultz streicht er auf S. 140 den Artikel »Die« vor »Augen öffnen und schließen, Winnie«. Er macht darauf aufmerksam, daß mehrere Male Winnies Aussagen über die Stimmen, die sie höre, mit dem Gedanken an ihren Gesang oder mit dem Gesang selbst verbunden seien, so beispielsweise auf S. 142 und ganz am Schluß. Die Sätze des Paares Pierer – oder Stärer (S. 143) sollen wieder mit verschiedenen Stimmen, einer weiblichen und einer männlichen, gesprochen werden, die Einschübe »sagt er« kurz und trocken. Zur sprachlichen Gestaltung des Stückes insgesamt meint Beckett zu Frau Schultz, wenn sie Spannung erzeugt habe, könne sie die Pausen zwischen den einzelnen Sätzen länger machen. Und im zweiten Akt werde sehr oft Spannung vorhanden sein. – Die Probe endet gegen 12.30 Uhr.

Samstag, 21. August 1971

Heute findet um 10 Uhr vormittags die erste Probe, eine Leseprobe, für Rudolf Fernau statt. Frau Schultz hat frei. Beckett und Fernau sitzen sich an einem kleinen Tisch auf der *Werkstatt*-Bühne gegenüber. Der Autor gibt – nicht anders als bei Frau Schultz – keine Einführung zum Stück selbst, sondern beginnt mit der Besprechung »technischer« Einzelheiten. Er erläutert beispielsweise, wie Willie seinen Platz hinter Winnies Hügel einnehmen soll, damit er sich ohne Schwierigkeiten erheben kann, wenn eine Szenenanweisung dies verlangt. Über Willies Text bemerkt Beckett zu Fernau, er habe 45 Worte zu sprechen. Auch die technischen Details der Rolle scheint er genau im Kopf zu haben; er zählt auf, wie oft Willie eine bestimmte Aktion durchführt. Über das Äußere Willies kommt es zu einer kurzen Diskussion zwischen Autor und Schauspieler: Fernau will nicht mit einer Glatzenperücke spielen. Besonders ausführlich erklärt Beckett das Erscheinen des Kopfes von Willie über dem Hügelrand, das dreimal im Stück vorkommt. Dieses dreimalige Erheben mit der Aktion des Hutaufsetzens soll immer auf die gleiche Weise vor sich gehen. Nachdem Willie aufrecht sitzt (S. 103), legt er das Taschentuch mit beiden Händen auf den Kopf, hält es mit der linken Hand fest, holt mit der rechten Hand den Hut und setzt ihn auf. Beckett erweitert diese Aktion um eine Nuance: Willie versetzt jedesmal, wenn er den Hut aufgesetzt hat, diesem mit einer kleinen Bewegung der rechten Hand einen leichten Schlag. Bei der Besprechung des Lachens nach »Eier« (S. 118) fragt Fernau, wie Willie hier lache. Beckett antwortet, es wäre gut, wenn er das Lachen stilisieren könne. Fernau gibt sich damit nicht zufrieden und zählt verschiedene Arten des Lachens auf. Beckett zeigt sich schließlich am ehesten mit »sadistisch« einverstanden und erläutert, Willie lache über den Gedanken, daß möglicherweise Millionen von Emsen um den Körper Winnies wimmeln könnten. Bei der Besprechung der Szene im siebenten Abschnitt des ersten Aktes, in deren Verlauf Winnie Willie ermahnt, nicht etwa »dieses Zeug« zu essen, wobei mit »Zeug« Willies Naseninhalt gemeint ist (S. 129), gibt sich Fernau schockiert darüber, daß dies gespielt werden solle und Beckett zusätzlich verlangt, das Essen durch ein dreimaliges Schmatzen, das nicht in der Szenenanweisung des Textes steht, anzudeuten. Nach der Erläuterung des siebenten Abschnittes erbittet Beckett um

12 Uhr eine Pause. Lächelnd meint er zu den Anwesenden, der achte Teil sei so schwierig, daß er glaube, ihn ohne ein Bier nicht erklären zu können. In der Pause unterhalten sich Autor und Darsteller über Fritz Kortner. Beckett möchte auch wissen, ob Fernau Werner Krauss gekannt habe. Fernau bejaht und zählt die Stücke auf, in denen er zusammen mit Krauss gespielt hat. Nach Beendigung der Pause um 12.20 Uhr geht Beckett auf den Schluß des ersten Aktes ein und erläutert die verhältnismäßig zahlreichen Änderungen, die er an dieser Stelle vornehmen will. Ausführlich bespricht er auch den Auftritt Willies im zweiten Akt. Bis zu Willies Erscheinen (S. 145) wisse man überhaupt nicht, ob er noch da sei. Beckett kriecht auf der angedeuteten Dekoration den Weg, den Willie zurücklegt, um in die Nähe Winnies auf der Vorderseite des Hügels zu gelangen; diese »Tour« ist von drei Aufenthalten unterbrochen. – Zu einer weiteren Meinungsverschiedenheit zwischen Beckett und Fernau kommt es über die Art, wie Willie auf Winnie zukriecht. Fernau berichtet, er habe vor zehn Jahren, als er dieselbe Rolle unter der Regie von Walter Henn gespielt habe, den Revolver in die Hand genommen, dann aber wieder fallengelassen; ob man das nicht wieder so machen könne. Beckett sträubt sich gegen diesen Vorschlag und erklärt, das komme in seiner Inszenierung auf keinen Fall in Frage. Es müsse offen bleiben, ob Willie wegen des Revolvers oder allein Winnies wegen nach vorn auf die dem Publikum zugewandte Seite des Hügels komme. Auch Fernaus Vorschlag, die Schlußversion der Hennschen Inszenierung zu übernehmen, bei der sich Willie im Takt zu Winnies Gesang gewiegt hatte, findet nicht Becketts Billigung. Er sagt, es sei die Stille, die dramatisch wirken solle, und meint damit die Stille von Winnies und Willies Auge-in-Auge-Verharren am Ende des Stückes. Abschließend kommentiert er, es sei eine kleine Szene, die viele Möglichkeiten berge. – Die Probe ist gegen 13.10 Uhr beendet.

Sonntag, 22. August 1971

Keine Proben.

Montag, 23. August 1971

Die Probe beginnt auf Wunsch von Frau Schultz, die am Morgen nochmals allein für sich ihren Text wiederholen will, erst um 12 Uhr. Es ist die erste Probe gemeinsam mit Fernau. Zu Beginn weist Beckett ausdrücklich darauf hin, daß man »ganz kalt« zunächst nur die Abschnitte des ersten Aktes probieren wolle, in denen Willie in Aktion trete oder Text zu sprechen habe. Während der nun folgenden Probe ergeben sich sowohl bei den Reaktionen als auch bei den Dialogen Willies große Schwierigkeiten. Beckett ist ständig gezwungen, einzugreifen. Er verläßt seinen Platz in der zweiten Reihe des Zuschauerraumes, den er bisher während der Proben meist eingenommen hatte, und geht auf die Bühne. Er stellt sich in der Nähe Fernaus auf und unterstützt ihn mit Anweisungen, Korrekturen und Ratschlägen. Später läßt er sogar das Regiepult auf der Bühne aufstellen. Seine Anweisungen sind überwiegend Wiederholungen früherer Erläuterungen. Als besonders schwierig erweisen sich für Fernau die Passagen, in deren Verlauf Winnie von Willie dreimal am Aufsetzen bzw. am Absetzen des Hutes gehindert wird. Willie darf seinen Kopf nicht drehen, Fernau kann infolgedessen nicht genau erkennen, wann er mit seinem Text einzusetzen hat, um die Bewegung des Auf- oder Absetzens des Hutes zu unterbrechen. Nach kurzem Überlegen schlägt Beckett vor, Winnie solle mit der Bewegung des Aufsetzens einen kleinen Seufzer ausstoßen, als akustisches Signal für Fernau, seinen Text zu sprechen. Auch für das Verschwinden der Zeitung nach Willies Satz »Heller Knabe gesucht« (S. 106) muß ein ähnliches Zeichen vereinbart werden; es ist das hörbare Hinlegen des Spiegels von Winnie. Schwierigkeiten bereitet auch die Koordinierung des Lachens in der Weise, wie Beckett es wünscht. Nochmals betont er, wie wichtig es ihm sei, daß das Lachen von Winnie und Willie stilisiert klinge. Er demonstriert die einzelnen Intervalle des Lachens, das an ein rhythmisches Meckern erinnert, indem er gleichzeitig mit zwei Bleistiften auf ein Versatzstück klopft. In seinem Regiebuch, das er nur dann zu Rate zieht, wenn die Schauspieler mehrere Rückfragen haben oder wenn er sich einer seiner Anweisungen vergewissern will, ist dieses Lachen folgendermaßen aufgezeichnet:

Willie ------   ------
Winnie   ----------

In der Pause, die gegen 13.30 Uhr eingelegt wird, bedauert Fernau gegenüber Beckett lebhaft, so viele Details der Henn-Inszenierung und den Text des Willie vergessen zu haben. Er habe aber nicht vergessen, daß er sich zur Melodie der Spieldose im Takt gewiegt habe, entgegnet Beckett lächelnd. Fernau versucht noch einmal, Beckett zu überreden, das Wiegen zu übernehmen. Dieser lehnt abermals ab. Nach der Pause wird das Spiel Willies mit dem Hut und mit dem Taschentuch wiederholt. Im weiteren Verlauf der Probe sträubt sich Fernau dagegen, das Schmatzen Willies beim Verzehren seines Naseninhalts auszuführen. Er wendet ein, bei der Aufführung vor zehn Jahren hätte gerade diese Stelle zahlreiche Zwischenrufe provoziert. Beckett meint darauf höflich, wenn er es nicht machen wolle, so lasse man es. Frau Schultz schlägt vor, das Hochschieben der Brille auf die Stirn, das Winnie mehrmals unternimmt, wenn sie Gegenstände, wie etwa die Medizinflasche, betrachtet oder nach Willie schaut, durch eine andere Bewegung zu ersetzen. Winnie solle sich die Brille auf die Nasenspitze rücken und über den oberen Brillenrand hinweg sehen. Beckett zeigt sich damit einverstanden. – Die Probe ist gegen 14.45 Uhr beendet.

Dienstag, 24. August 1971

Von der Technik ist für die heutige Probe, die um 11 Uhr beginnt, die provisorische Dekoration verändert worden. Als oberen Abschluß von Winnies Hügel hat man ein Tuch gespannt, in dem sich in der Mitte eine Öffnung befindet, deren Größe mit einem Reißverschluß reguliert werden kann. Das Tuch soll, je nachdem, ob der erste oder der zweite Akt geprobt wird, Winnies Taille oder ihren Hals umschließen. Frau Schultz ist mit dieser Veränderung jedoch nicht einverstanden, da die Requisiten, die sie gleich zu Beginn des ersten Aktes vor sich ausbreitet, auf dem straff gespannten Stoff zu hüpfen beginnen. Nach einer kurzen Unterbrechung probt sie in der alten Dekoration weiter, die den Bedingungen des Original-Bühnenbildes besser entspricht. Auch heute konzentrieren sich die Bemühungen von Regisseur und Darstellern auf das Ineinanderfügen der Bewegungen und Texte von Winnie und Willie. Erst in zweiter Linie berücksichtigt Beckett bei seinen Korrekturen die sprachliche Gestaltung des Textes durch Frau Schultz. Das Abstimmen der Reaktionen Fernaus auf das Spiel von Frau Schultz nimmt sehr viel Zeit in Anspruch. Beispielsweise klappt die Unterbrechung von Winnies Monolog »Was ist die andere Möglichkeit? Was ist die andere Mög-« (S. 109) durch das Schneuzen Willies nicht, da immer wieder eine Pause zwischen dem letzten Wort von Frau Schultz und dem Schneuzen von Herrn Fernau entsteht. Beckett schlägt vor, ein anderes Stichwort zu wählen, um den Effekt einer Unterbrechung zu erzielen, die nicht vorausberechnet klingt. Die Störaktionen Willies, der durch seine Rezitationen aus der Zeitung jeweils Winnie am Aufsetzen des Hutes hindert, sollen nicht, wie am Vortag besprochen, durch ein akustisches Signal von Frau Schultz, sondern durch ein Lichtzeichen ausgelöst werden, das der Inspizient gibt. Bis zur Pause um 12.30 Uhr hat man die Abschnitte eins bis einschließlich sechs des ersten Aktes bewältigt. In der Pause betont Beckett gegenüber Frau Schultz, daß er vor allem auf einen folgerichtigen Ablauf der Aktionen Wert gelegt habe; deshalb habe er bei Tönen, die seiner Ansicht nach noch nicht stimmten, nicht unterbrochen und korrigiert. Wörtlich sagt er, das Spiel sei noch ein wenig verkrampft, weil sie den Text noch nicht richtig beherrsche; aber das könne nicht anders sein – es sei noch zu früh. Lobend fügt er hinzu, es gebe durchaus Stellen, die schon sehr gut gelungen seien, zum Beispiel: »Golden nanntest Du es« (S. 112). Nach der Pause werden die Abschnitte sieben und acht des ersten Aktes probiert. Da Frau Schultz diese beiden Teile bisher ebenfalls nur technisch, »kalt«, wie Beckett es nennt, durchgespielt hat, beschränken sich die Bemühungen der Beteiligten darauf, die Bewegungsabläufe und die Dialoge aufeinander abzustimmen. – Die Probe ist gegen 13.30 Uhr beendet.

Mittwoch, 25. August 1971

Für den heutigen Tag ist ab 11 Uhr vormittags eine Probe der beiden großen Szenen von Willie geplant. Man kommt jedoch nur zu einer der beiden, der zu Beginn des ersten Aktes. In der Szene, in der Willie beim Versuch Winnies, die Inschrift auf der Zahnbürste zu entziffern, sich Luft zufächelt (S. 106), bereitet die Verknüpfung von Text und Bewegung Herrn Fernau solch große Schwierigkeiten, daß man nur sehr langsam vorankommt. Die erste Szene von Willie ist zweimal durchgespielt, als Beckett um 12 Uhr unterbricht. Mit Herrn Fernau, so sagt er, sei eine Probenzeit bis 12 Uhr verabredet, und daran wolle er sich halten. Es wird eine kleine Pause gemacht, während der Fernau noch anwesend ist. Bevor er geht, erkundigt er sich bei Beckett, wie viele Schauspielerinnen er schon als Winnie auf der Bühne gesehen habe. Nur eine, lautet die Antwort, Madelaine Renaud. Und nun die zweite: Eva Katharina Schultz. Im Verlauf der weiteren Probe widmet Beckett seine Aufmerksamkeit den Details im Spiel der Schultz. – Bisher hat im Zuschauerraum während der Probe stets das Licht gebrannt. Es wird von nun an gelöscht, was der Darstellerin, wie sie selbst sagt, sehr hilft. War Beckett zu Anfang der Probe vor allem bemüht, »technisch«, »kalt«, den gesamten Ablauf und Text des ersten Aktes anzulegen und durchsprechen zu lassen, so geht er nun daran, gründlich jeden einzelnen Satz, jedes Wort, jede Bewegung auf ihre Funktion im Stückganzen zu überprüfen. Er unterbricht jetzt wieder häufig und erörtert Details, über die man bei den früheren Proben hinweggegangen war. Dabei ist er erstaunlich gesprächig und gibt so viele Anweisungen, wie er es nur in den ersten Tagen der Probenzeit getan hatte. Vom Text zu Anfang des Stückes, dem Gebet, so erklärt Beckett, dürfe etwas Traumhaftes, Schlaftrunkenes ausgehen. Die Bewegungen könnten durchaus denen ähneln, die man von den unrealistischen Zeitlupenbildern des Films kenne. Beim Kramen im Sack (S. 98) solle Winnie mit seitlich geneigtem Kopf nach vorne schauen. Das Entziffern der Schrift auf dem Zahnbürstenstiel (S. 99) müsse mit einer »Lesestimme« erfolgen, die sich deutlich von der »Sprechstimme« unterscheide, mit der Winnie gewöhnlich rede. Das zweite »Barchborsten« sage Winnie sehr freudig, da sie endlich die Lösung gefunden habe. Die Antithese »heilig Licht [...] Flamme höllischen Lichts« (S. 100) könne durch entsprechende Betonung besonders hervorgehoben werden. Frau Schultz fragt, ob Winnie, nachdem sie zweimal nach Willie geschlagen und ihren Schirm verloren habe (S. 102), nicht einen kurzen Überraschungslaut ausstoßen solle. Beckett bejaht. An Winnies Spiel mit der Postkarte (S. 107), meint Beckett, müsse der Gegensatz deutlich werden zwischen dem, was sie sage, und dem, was sie tue. Winnie betrachte sehr interessiert die Karte, und doch klinge ihre

Stimme schockiert. Wörtlich sagt er, er glaube, die Lösung sei: zu spielen, daß Winnie nicht genug zu sehen bekomme. Er gibt den Ratschlag, sie solle sehr hastig nach ihrer Brille greifen, um ihre Neugier und ihr Gefallen an den Darstellungen anzuzeigen. Eine Bewegung mit der linken Hand zum Kopf hin könne dagegen ihre gespielte Entrüstung andeuten. Besondere Aufmerksamkeit widmet Beckett dem Übergang vom Lachen Winnies über »den alten Witz« (S. 110) zu den Ausführungen über ihr Haar. Er erklärt, wenn sie nicht den Einfall mit dem Haar hätte, würde sie länger lachen. Der Übergang müsse in drei Phasen vor sich gehen: Winnie höre auf zu lachen, sie mache mit der rechten Hand eine Bewegung zum Kopf hin und sage dann »Mein Haar!« (S. 110). Zahlreiche Korrekturen und Hinweise gelten der sprachlichen Gestaltung des Textes. Frau Schultz bietet von sich aus vor dem Satz »Du hast also deinen Strohdeckel abgesetzt« (S. 115) ein laut ausgerufenes »Ah« an, das Winnies Erstaunen und ihrer Befriedigung über Willies Handlungsweise Ausdruck geben soll. Beckett akzeptiert diese Version. Gegen 13.30 Uhr erkundigt er sich, ob man die Probe beenden solle. Frau Schultz verneint; sie habe das Gefühl, die heutige Probe sei sehr produktiv. Offenbar ist Beckett der gleichen Meinung, denn er ist sofort einverstanden, weiterzuarbeiten. Im Verlauf der Probe gibt er noch einige wichtige Hinweise zu Mimik und Gestik. Ergänzend zu den Bewegungen, die Frau Schultz selbst gefunden hat, regt er an, Winnie solle sich nach dem Zitat »wildes Lachen unter schwerstem Weh« (S. 118) langsam ihres Körpers bewußt werden. Daraus könne dann organisch die Bewegung der Hände über die bloßen Arme zum Kopf hin entstehen. Er korrigiert frühere Anweisungen zu »Der Tag ist schon weit vorgerückt« (S. 119); Winnie solle keinen Blick zum Himmel werfen. Das sei unlogisch, da der Himmel sich nie verändere und immer gleich sei. Winnies Bemerkung über die Tageszeit komme ganz »aus ihr selber«.

Zum Übergang von »Browning« zu »Brownie« (S. 120) erklärt er, das sei eine »dunkle Stelle«, die auch im Französischen nicht ganz klar werde; sie enthalte eine Anspielung auf den englischen Dichter Robert Browning. Die Probe ist gegen 14 Uhr beendet. Als erste spricht die Souffleuse aus, was alle empfinden: Die Arbeit habe heute Spaß gemacht. Beckett allerdings hält sich mit emotionalen Äußerungen zurück. Frau Schultz sagt, sie habe zum erstenmal das Gefühl gehabt, sie werde es schaffen; die heutige Probe, so meint sie, sei für sie der »Durchbruch« gewesen.

Donnerstag, 26. August 1971

Zu Beginn der Probe, um 11 Uhr, wird zunächst die zweite große Szene Willies vom Ende des ersten Aktes, zu der man tags zuvor nicht mehr gekommen war, in Angriff genommen; dann läßt Beckett die anderen Willie-Szenen wiederholen, was auch heute viel Zeit in Anspruch nimmt und Regisseur wie Darsteller merklich anstrengt. Beckett versucht, zusammen mit Fernau genau festzulegen, wann und wie oft Willie bei dem Versuch, sein Loch zu erreichen, für das Publikum hörbar atmet. Vor »Dein Loch leid, Lieber?« (S . 132) schnauft Willie fünfmal sehr laut, danach sehr viel leiser, kürzer und nicht mehr so artikuliert. Nach »Nein, nicht mehr der Kriecher, dem ich mein Herz schenkte« (S. 132) atmet er dreimal hörbar, ebenso nach »Noch anderthalb Fuß, Willie, und du bist am Ziel«* (S. 132). Winnies Ausruf »Ah« (S. 132) soll synchron mit Willies drittem hörbaren Schnaufen kommen. – Gegen 12.30 Uhr wird eine Pause eingelegt. Frau Schultz und Beckett unterhalten sich über die beiden Personen des Stückes, wobei der Autor Winnie folgendermaßen charakterisiert: Winnie habe etwas Vogelhaftes, etwas, das zur

* Textänderung gegenüber der gedruckten Fassung.

Luft gehöre. Sie sei gewichtslos. Das müsse man auch in ihrer Stimme hören. Willie dagegen gehöre ganz zur Erde. Winnies Schicksal sei um so pathetischer (!), als dieses gewichtslose Wesen von der Erde verschlungen werde. Nach der Pause geht die Probe ohne Herrn Fernau weiter. Wie am Vortage die Abschnitte eins bis sieben, so sollen heute die Abschnitte sieben und acht des ersten Aktes intensiv gearbeitet werden. Erstmals hat die Beleuchtung zwei Scheinwerfer auf Winnies Platz gerichtet, zudem wird wieder das Licht im Zuschauerraum gelöscht. Beckett greift erneut sehr häufig ein und gibt zahlreiche Hinweise zum Spiel. Frau Schultz stellt nach der Probe fest, er habe »wunderbare Dinge« gesagt. Sie ist jetzt gelöster und reagiert nun manchmal mit einem Scherz oder einem Lachen, wenn bei ihrem Spiel etwas nicht ganz korrekt war.

Der Autor kennt – das wird bei den Korrekturen und Anweisungen, die er gibt, deutlich – nicht nur den Text und die Bewegungsabläufe auswendig, er hat auch sehr bestimmte Vorstellungen davon, wie jedes Wort betont, wie jede Geste ausgeführt werden soll. Vorschläge von Frau Schultz zu Bewegungen oder Textergänzungen prüft er sorgfältig und akzeptiert sie zumeist, ohne später an der Version, der er einmal zugestimmt hat, wieder Änderungen vorzunehmen. So regt Frau Schultz bei der heutigen Probe beispielsweise an, Winnie solle beim Aufflammen des Schirmes (S. 124) ihrem Schrecken durch einen Schrei Ausdruck verleihen. Für den Text »Oh, dies ist ein glücklicher Tag!« (S. 134) schlägt sie als sichtbares Zeichen für Freude vor, Winnie solle mit den Händen an ihre Wangen fassen. Beides wird vom Regisseur akzeptiert und auch später so belassen. Dagegen macht Beckett einige seiner Striche, die er vor etwa einer Woche festgelegt hat, wieder auf und korrigiert auch andere seiner früheren Anweisungen. Im Verlauf der Probe gibt er eine Fülle neuer Spielhilfen. Bei ihrem Satz »Die Vernunft sagt, nimm es herunter, Winnie, [...] nimm das Ding herunter und beschäftige dich mit etwas anderem« (S. 123) solle Winnie nach »Die Vernunft sagt« eine imaginäre Stimme der Vernunft sprachlich andeuten. Von dem Seufzer »Ach Erde, du alte Tilgerin« (S. 124) wird das »Ach« mit der Drehung des Körpers nach vorn gesprochen. Beckett erläutert, Winnie kommentiere mit diesem Satz nicht nur das Verbrennen ihres Schirmes, sondern auch ihre eigene Situation. Die Reflexion über die Zeit, beginnend mit »Ja, was geschah denn je« (S. 124), und über die Wiederholung von Ereignissen spricht Winnie mit wechselndem Tempo. Während die ganze Passage im allgemeinen zügig vorgetragen wird, kommen die beiden Feststellungen »es sind leere Worte« (S. 125) sowie »und es sind alles leere Worte« (S. 125) sehr prononciert und langsam. Beckett erläutert seine Anweisungen zum Sprechtempo folgendermaßen: Winnie habe »Krisen von Beredsamkeit«, die sie selbst überraschten. Danach frage sie jeweils Willie, ob er das Gesagte genießen konnte. Winnies Beredsamkeit komme aus ihrem Innern. Sie werde sich erst nach dem Ende der Krise bewußt, was sie gesagt habe. Winnie sei stolz auf ihre geistigen Anstrengungen, deshalb frage sie nach, ob Willie etwas von dem, was sie gesagt habe, mitbekommen habe. Entsprechend klinge auch in ihrem Satz »Ich hoffe, du hast etwas davon mitbekommen« (S. 125) Stolz mit. Vor der Feststellung »Etwas sagt mir, Hör' jetzt auf zu reden, Winnie« (S. 127) neige Winnie den Kopf nach vorn, um auf die Stimme, die ihr das sage und die sich in ihrem Innern befinde, zu hören. Als Frau Schultz beim Vortragen der Pierer-Stärer-Geschichte Schwierigkeiten mit der Koordination der Bewegungen hat, sagt Beckett, das Feilen der Nägel müsse nicht unbedingt so mechanisch erfolgen, wie er es festgelegt habe. Er schlägt Frau Schultz vor, an den Stellen, an denen es für sie natürlich sei, mit dem Feilen aufzuhören, ohne sich an seine ursprünglichen Anweisungen gebunden zu fühlen. Trotzdem versucht die Darstellerin auch weiterhin, die Passage so zu spielen, wie sie der Regisseur angelegt hat. Wichtig ist Beckett die Einhaltung der kleinen Pausen innerhalb der Pierer-Stärer-Geschichte (S. 128), die jeweils durch Gedankenstriche im Text angedeutet sind. Winnie solle die Erzählung beiläufig und stockend vortragen. Er wünscht sich »mehr Päuschen«. Ausführlich erklärt er auch eine Geste, mit der Winnie Frau Pierer-Stärer imitiere: sie hebe bei »Und du, [...] was hast du für einen Sinn?« (S. 129) die rechte Hand hoch, in der sie die Nagelfeile halte, und deute damit nach vorn, als ob sie selbst Pierer-Stärer vor sich habe. In der Stimme der Frau, die sie nachahme, schwinge Haß und Entsetzen mit. Das zweite »fall« von »laß meine Hand los und fall' um des Himmels willen, sagt sie, fall'!« (S. 130) solle sehr laut sein. Befragt, wie es zu den beiden deutsch klingenden Namen »Pierer« und »Stärer« im Text komme, antwortet Beckett, der Übersetzer Elmar Tophoven habe nach Rücksprache mit ihm »Pierer« vom englischen »to peer – gucken, schauen, spähen« und »Stärer« von »to star – starren« gewählt. Der Name in der französischen Fassung des Stückes leite sich von »peeping Tom – Voyeur« her. Gegen 13.30 Uhr ist die Probe beendet.

Freitag, 27. August 1971

Die Probe beginnt mit einer Wiederholung der Szenen, in denen Herr Fernau zu tun hat. Noch immer sind die Schwierigkeiten nicht beseitigt, die seit Anfang der Woche bei Willies Aktionen auftreten. Dennoch versucht Beckett, neue Nuancen ins Spiel einzubringen: Willie soll, wenn Winnie mit dem Schirm nach ihm schlägt (S. 102), jedesmal einen kurzen Schmerzenslaut von sich geben. Beim ersten Schlag leise, als ob er aus dem Schlaf hochschrecke, beim zweiten Schlag lauter. Beckett erscheint Winnies Text von »Nun ja, was macht das schon« (S. 108) bis »Das eben finde ich so wundervoll« (S. 108), während dessen Willie ganz ruhig die Postkarte betrachtet, die er zurückbekommen hat, zu lang; er möchte eine Bewegung einbauen. Willie soll sich auf das Stichwort »Alles? *Pause.* Nein, nicht alles« (S. 108) bis zu »aus heiterem Himmel« (S. 108) mit der Karte Luft zufächeln. Wenn er Winnie in deren Frage »Was ist die andere Möglichkeit? *Pause.* Was ist die andere Mög-« (S. 109) durch das Putzen seiner Nase unterbricht, schneuzt er sich dreimal hintereinander. – Gegen 12.15 Uhr ist die Probe der Willie-Szenen beendet. Nach einer kurzen Pause geht es mit Frau Schultz allein weiter. Gearbeitet wird am sechsten, siebenten und achten Abschnitt des ersten Aktes, insbesondere an der sprachlichen Gestaltung der Pierer-Stärer-Erzählung. Frau Schultz kommt gut voran; sie berücksichtigt bei ihrem Spiel sämtliche Regie-Anweisungen, die Beckett ihr am Tag zuvor gegeben hat. Auch heute macht der Regisseur einige Änderungen rückgängig, die er während der ersten Probentage am vorgeschriebenen Bewegungsablauf und am Text vorgenommen hatte. Beispielsweise soll Winnie nicht, wie anfänglich entgegen der Druckfassung festgelegt worden war, nach »Nein, hier ist alles seltsam« (S. 127) den Kopf senken. Mit einem Hinweis zur sprachlichen Gestaltung einer Textstelle kommt Beckett auf seine Bemerkungen vom Vortag über Winnie als »Geschöpf der Luft« zurück: Winnie spreche den Satz »wie eine Drossel« (S. 127) freudig aus, sie erinnere sich gern an die Drossel. Das sei ihr Geschlecht, sie selber habe ja etwas Vogelhaftes. Überraschend unterbricht Beckett bei »Wie oft habe ich in schweren Stunden gesagt Sing' jetzt, Winnie, singe deinen Gesang« (S. 127) und gibt den Hinweis, das sei Schubert *An die Musik.* Leise spricht er – mehr für sich als für die Anwesenden – den Text der ersten Strophe dieses Liedes. Zur sprachlichen Gestaltung der zahlreichen Einschübe »Und nun?« rät er, sie im Verlauf des ersten Aktes immer leiser zu sprechen, da das Publikum diese Wendung genau kenne, nachdem sie zum ersten Male gefallen sei. Beim letzten »Und nun?« könne Winnie die Worte nur durch eine Lippenbewegung andeuten, ohne etwas zu sagen. Die Pierer-Stärer-Erzählung (S. 129) solle langsam vorgetragen werden. Herr Pierer oder Stärer spreche mit tiefer, brutaler Stimme. Viel Heiterkeit erregt Becketts Hinweis, die Fragen von »Pierer-Stärer«: »Was macht sie da? [...] Was hat das für einen Sinn? [...] Was bedeutet es? [...] Was soll das bedeuten?« (S. 129), und Winnies Kommentar dazu: »lauter solches Zeug – der übliche Quatsch –« (S. 129), könnten als Widmung des Autors an den Teil des Publikums aufgefaßt werden, der solche und ähnliche Fragen stelle. Heiterkeit löst auch sein Vorschlag aus, Winnie möge der Zahnbürste »ein Küßchen geben«, bevor sie sie in den Sack stecke (S. 133). – Gegen 13.10 Uhr endet die Probe.

Samstag, 28. August 1971

Probenbeginn: 10.30 Uhr. Die Rolle des Willie ist umbesetzt worden. An Stelle von Rudolf Fernau soll jetzt Rudi Schmitt spielen. Da Frau Schultz sich für heute »lernfrei« erbeten hat, kann Beckett mit Schmitt allein arbeiten. Der Schauspieler hat einen Text erhalten, in dem die vom Autor redigierte Fassung des Stückes und die Regieanweisungen enthalten sind, die schon Fernau gegeben wurden. Aus diesem Grund kann sofort mit der szenischen Erarbeitung der Rolle des Willie begonnen werden. Als Beckett ankündigt, er wolle bei dieser Probe Winnies Part spielen, und daraufhin gefragt wird, ob er das nicht dem Regie-Assistenten überlassen möchte, meint er freundlich ablehnend: nein, es würde ihm Spaß machen. Er setzt sich auf den Platz im Hügel, den Frau Schultz sonst einnimmt, und spielt, nachdem Schmitt sich auf Willies Platz begeben hat, die Rolle der Winnie, soweit dies für die Szenen erforderlich ist. Man kommt gut voran: die im ersten Akt enthaltenen Aktionen und Dialoge Willies werden bis zur Pause um 12.15 Uhr zweimal geprobt. Schmitt bittet des öfteren um die Wiederholung einer Szene, deren Ablauf ihm beim ersten Mal nicht klar wurde. Beckett kommt diesem Wunsch sofort bereitwillig nach. Schon auf dieser ersten Probe mit Schmitt werden neue Versionen für das Spiel Willies gefunden. Der Schauspieler schlägt vor, beim Wiederabsetzen des Hutes (S. 108/109) das Taschentuch mit der linken Hand festzuhalten, um in umgekehrter Reihenfolge genau die gleichen Bewegungen zu haben wie beim Aufsetzen. Beckett ist sofort einverstanden. Auch das Atmen und Stöhnen Willies soll sich immer auf die gleiche Art und Weise wiederholen. Synchron zu Winnies befriedigtem Aufatmen »Da« (S. 113) über die Aktionen Willies komme dessen »Ah« beim Zurückkriechen in das Loch, ein weiteres »Ah« beim Herauskriechen aus dem Loch – synchron zu dem »Ah« von Winnie (S. 132). Beckett sagt, Willie lese sehr eindrucksvoll den ersten Teil eines Satzes, den zweiten Teil jeweils als eine Art witziger Pointe. Beispielsweise: »Gnädiger hochwürdiger Vater in Gott Dr. Carolus Hunter tot« – [Pause] – »in Badewanne« (S. 104). Schmitt probiert das Lachen, und Beckett scheint zufrieden. Auf eine Frage des Schauspielers, wie Willies zweimalige Antwort »Eier« (S. 118) sich anhören solle, antwortet Beckett, diese beiden Worte müßten vorbereitend auf das sadistische Lachen, das danach komme (S. 118), gesprochen werden. Schmitt erkundigt sich nach dem Grad der »Lebendigkeit« von Willie, wie schnell dieser sich bewege und wie er reagiere. Beckett gibt daraufhin einen anschaulichen Vergleich: Willie sei wie eine alte Schildkröte. Der Autor kommt bei dieser Gelegenheit wieder auf die Erdgebundenheit Willies und die Verwandtschaft Winnies mit den Vögeln zu sprechen; er verweist auch Schmitt auf das Besondere, auf die Seltsamkeit der Situation, in der sich Winnie, dieses Wesen der Luft, befinde. Nach der Pause werden ab 12.30 Uhr die gesamten Reaktionen Willies und sein Text nochmals durchgearbeitet. Die Probe ist gegen 13.30 Uhr beendet. Man kommt überein, eine Sonntagsprobe ohne Frau Schultz und ohne die Souffleuse nur mit Beckett, Schmitt und dem Regie-Assistenten zu machen.

Sonntag, 29. August 1971

Die Probe beginnt um 13.30 Uhr. Schmitt kann seinen Text auswendig, zudem beherrscht er, was fast wichtiger erscheint, die Stichworte für seine Einsätze. Beckett läßt es sich auch heute nicht nehmen, die Rolle der Winnie zu spielen. Die beiden größeren Szenen zu Anfang und zu Ende des ersten Aktes werden ebenso mehrmals hintereinander probiert wie die kleineren, etwa die Antwort Willies auf Winnies Frage nach dem Pronomen von »Kopf« beziehungsweise »Haar« (S. 111). Beckett wandelt das »Ihn« nochmals ab in »Er«. Es gibt nur wenige Gelegenheiten für zusätzliche Erklärungen oder Korrekturen des Regisseurs, da Beckett hauptsächlich damit beschäftigt ist, die Rolle der Winnie zu sprechen und zu spielen. Wegen einer Nachmittags- und einer Abendvorstellung des *Revisor*, in der Schmitt beschäftigt ist, wird die Probe um 15.10 Uhr beendet.

Montag, 30. August 1971

Beginn der Probe: 10 Uhr. Frau Schultz hat über das Wochenende den Text des zweiten Aktes gelernt und spricht ihn heute zum erstenmal ganz durch. Der erste Akt soll nach der Pause probiert werden. Die markierte Dekoration erlaubt es, Winnie – wie im Text vorgeschrieben – im angedeuteten Hügel bis zum Hals verschwinden zu lassen. Das Licht im Zuschauerraum wird gelöscht, zwei Scheinwerfer sind auf den Hügel Winnies gerichtet. Während der Probe unterbricht Beckett des öfteren, um erste Korrekturen anzubringen. Er registriert, was Frau Schultz an eigenen Vorschlägen zur sprachlichen Gestaltung anbietet; seine Korrekturen setzen da ein, wo er sehr feste eigene Vorstellungen von der Stimmführung hat. Die Hinweise betreffen Stellen, denen er schon bei der Besprechung des Textes mit Frau Schultz besondere Aufmerksamkeit widmete, indem er auf ihre Betonung einging. Mit einer neuen Anweisung korrigiert Beckett seine zurückliegenden Angaben zu »Wenn der Verstand verloren ginge« (S. 137); vor Tagen hatte er gesagt, Winnie solle diese Stelle mit einem Schauer in der Stimme sprechen, jetzt rät er, Winnies Stimme solle dabei geheimnisvoll und nicht ängstlich klingen. Die Feststellung »Ich habe meine Vernunft nicht verloren« (S. 139) treffe Winnie, um sich gewissermaßen selbst zu beruhigen. Den zweiten Teil des Satzes, »Mildred hat Erinnerungen, sie wird Erinnerungen haben« (S. 140), spreche Winnie als Korrektur zum ersten Teil, sie verbessere sich selbst. Bei »Plötzlich eine Maus –« (S. 141) sei Angst in ihrer Stimme. Nach der Selbstermahnung »Sachte, Winnie!« (S. 141) rufe sie zweimal vergeblich nach Willie um Hilfe. Auch bei der Feststellung »Ich höre natürlich Schreie« (S. 141) solle die Beunruhigung Winnies deutlich werden. Winnie spreche im zweiten Akt meist in einer Art Grundstimmung, von der sich einzelne besondere Stimmungen abhöben. Es lodere in ihr auf, sagt Beckett. Zwischen »Oh ja, große Gnaden, große Gnaden« (S. 142), das sehr lyrisch klinge, und »Der Tag ist schon weit vorgerückt«, das sich leichter, oberflächlicher anhöre, müsse ein Stimmungswechsel zu spüren sein. Von den beiden Sätzen »Wo sind die Blumen? *Pause.* Die heute lächeln« (S. 146) sei der zweite »selbstverständlich« (Beckett) ein Zitat und solle deshalb auch als Zitat gesprochen werden. Gegen 11.30 Uhr ist der zweite Akt durchgearbeitet. Nach einer Pause geht es um 11.50 Uhr weiter mit den Willie-

Szenen des ersten Aktes. Erstmals proben heute Frau Schultz und Rudi Schmitt gemeinsam. Das Zusammenspiel der beiden Darsteller klappt von Anfang an. Die Einzelproben für Schmitt an den beiden vorangegangenen Tagen erweisen sich als nützlich; man kommt zügig voran. Trotzdem werden die einzelnen Passagen zwei- oder dreimal wiederholt, damit sie sich einprägen. Vor allem bemüht man sich um das Timing der Bewegungsabläufe und um ein genaues Ineinanderfügen der Dialoge. Schmitt will auch bei den schwierigen Stellen, bei denen er Winnie am Aufsetzen ihres Hutes hindert, ohne Zeichen auskommen und so weit als möglich auf Sicht spielen, um mit seinem Einsatz nicht von der Technik abhängig zu sein und um – wie er sich ausdrückt – die Stimmung des Spiels nicht durch die Technik zu stören. Es erweist sich, daß man beim zweiten und dritten Hutaufsetzen Winnies, bei dem sie durch Willie jeweils gestört wird, ohne das Federzupfen auskommen kann, das für Fernau als Zeichen zum Einsatz in das Spiel eingefügt worden war. Der Dialog, der sich auf Winnies Fragen hin entwickelt, ob Willie sie von seinem Loch aus hören könne, soll sehr rasch gesprochen werden. Beckett legt nun Wert darauf, daß die Anordnungen, die er für das technische (»kalte«) Probieren gegeben hat, in den Hintergrund treten, so daß das Spiel organisch zu werden beginnt. Die technische Bewältigung bildet für ihn offensichtlich die Basis, die das Spiel mit seinen Stimmungen, seiner eigentlichen Wirkung, trägt. – Gegen 13.15 Uhr ist die Probe beendet.

Dienstag, 31. August 1971

18.30 Uhr: Beginn der Probe. Es wird der zweite Akt von Anfang wiederholt, nachdem zuvor die Technik eine halbe Stunde lang an dem Laufgang gearbeitet hat, durch den Winnie später zu ihrem Platz gelangen soll. Der Gang befindet sich rechts von der Mitte der Bühne und führt direkt unter Winnies Hügel. Die endgültige Konstruktion des Sitzes ist schon angedeutet: die Sitzfläche hängt an einem Stahlrohr, das verschiedene Arretierungen erlaubt; dadurch wird es möglich, zwei Höhen des Sitzes sehr schnell einzustellen. Das Verstellen des Sitzes funktioniert bei der heutigen Probe noch schlecht, und der Zugang zu Winnies Platz erweist sich als zu eng. Die Technik verbessert die Sitzmöglichkeit provisorisch, aber diese Konstruktion hält nicht, so daß später zwangsläufig nochmals eine Pause eingelegt werden muß, damit der Sitz repariert werden kann. Die Probenbedingungen sind überhaupt an diesem Tag sehr ungünstig, da eine in der Nähe des Theaters auf einer Baustelle eingesetzte Ramme beträchtlichen Lärm verursacht. Er ist so stark, daß Frau Schultz nur mit Mühe die Souffleuse verstehen kann. Während der Probe des zweiten Aktes greift der Autor zunächst sehr oft ins Spiel ein und gibt neue Anweisungen; als er jedoch bemerkt, daß Frau Schultz noch nicht textsicher ist, unterbricht er seltener, reduziert seine Anweisungen und läßt den Akt durchsprechen. Von den Erläuterungen ist diejenige, die den (gegenüber dem Wortlaut im Buch) leicht veränderten Beginn des zweiten Aktes betrifft, besonders ausführlich: wenn die Bühne hell wird, hat Winnie zunächst die Augen geschlossen; fünf Sekunden, nachdem die größte Helligkeitsstufe erreicht ist, ertönt die Klingel – ungefähr zwei Sekunden lang. Nach dem Verstummen der Klingel öffnet Winnie die Augen und spricht nach einer langen Pause den ersten Satz: »Sei mir gegrüßt, heiliges Licht« (S. 135).* Es folgt erneut eine lange Pause, dann fallen ihr die Augen wieder zu. Etwa zwei Sekunden vergehen, bis die Klingel zum zweiten Mal, und diesmal länger, ungefähr drei Sekunden, ertönt. Nachdem sie wieder verstummt ist, öffnet Winnie die Augen, starrt geradeaus und

* Textänderung gegenüber der gedruckten Fassung.

beginnt zu lächeln. Beckett betont ausdrücklich, er füge hier an einigen Stellen lange Pausen ein, die nicht im Text verzeichnet seien. Er gibt im Verlauf der Probe zwei kleine Textkorrekturen an. »Der alte Stil« (S. 136) nach »Man tut es« soll wegfallen. Nachdem er sich erkundigt hat, ob es im Deutschen sprachlich und grammatikalisch möglich sei, beim Satz »Oh, zweifellos bist du tot, wie die anderen, du bist gestorben, oder weggegangen« (S. 136) das zweite »du« wegzulassen und dies bejaht wird, streicht er dieses Wort. Bei Gelegenheit einer Anweisung zur Betonung der häufigen Einschübe »ich sage« (S. 136) kommt Beckett wieder auf Winnies Verhältnis zur Zeit zu sprechen. Er erläutert, sie vermute, daß es früher für sie vielleicht möglich gewesen sei, Dinge zu tun, die sie jetzt nicht mehr tun könne. Es sei, so glaube sie, früher beispielsweise möglich gewesen, daß sie den Kopf heben konnte. Genau wisse sie das allerdings nicht. Deshalb mache sie immer wieder die Einschränkung »ich sage«. Ausführlich geht Beckett auf den Satz ein, in dessen Verlauf sich Winnie zu erinnern versucht: »Ach ja... damals... jetzt... buchengrün... dies... Charlie... Küsse... dies... das alles... große Qual für den Verstand« (S. 137). Die zurückliegenden Ereignisse, die Winnie nach ihrer eigenen Vermutung einmal erlebt habe, und der gegenwärtige Zustand müßten in ihrer Gegensätzlichkeit als angenehme bzw. unangenehme Empfindungen sprachlich deutlich gemacht werden. »Dies« sei schrecklich für Winnie, »buchengrün« – so Beckett – eine wunderbare Erinnerung; »damals«, das sei die Vergangenheit, von der Winnie annehme, daß sie einmal gewesen sei. Im Zusammenhang der Erläuterung dieser Stelle gibt er noch den Hinweis, bei »buchengrün« handle es sich um ein Keats-Zitat. Zur sprachlichen Gestaltung des zweiten Aktes im allgemeinen sagt Beckett, Winnie könne jetzt keine langen Sätze mehr sprechen. Die kurzen Sätze kämen stoßweise, schnell hintereinander; es seien »Satzgüsse«. Erst durch die Sprechweise würden im zweiten Akt die Zäsuren als solche deutlich. Frau Schultz dürfe die einzelnen kleinen Sätze nicht gegeneinander absetzen, sondern müsse eine ganze Reihe davon hintereinander sprechen. Zum Satz »Plötzlich eine Maus« in der Mildred-Geschichte (S. 141) erklärt er, der Gedanke an die Maus sei für Winnie beinahe unerträglich. Sie habe mit der Erzählung der Geschichte begonnen, ohne daran zu denken, daß sie zu dieser Stelle kommen könne. Auf Becketts Vorschlag werden bei der heutigen Probe drei Textänderungen vorgenommen. Statt »Der Tag ist jetzt weit vorgerückt« (S. 142) sagt Winnie »Der Tag ist schon weit vorgerückt«. Und statt »Du würdest mit Aristoteles darin übereinstimmen, Willie, dünkt mich« (S. 142) sagt sie »Ich glaube, du würdest Aristoteles darin beipflichten, Willie.« Der Text der vierten, achten und neunten Zeile der Lehár-Melodie *Lippen schweigen* (S. 149), »All die Schritte« und »Deutlich mir's beschrieb, / Er sagt klar: / [...]« wird durch ein Singen der Melodie auf »la ... la« ersetzt. Beim Satz »Ich rufe vor das Auge des Geistes« (S. 143) handelt es sich nach Angaben von Beckett um ein Zitat aus dem Drama *An der Habichtsquelle* von William Butler Yeats.

Nach einer zweiten Pause, in der – wie erwähnt – Winnies Sitz repariert werden muß, geht es um 20 Uhr mit den Willie-Szenen des ersten Aktes weiter, deren Erarbeitung der Autor noch eine halbe Stunde lang überwacht. Danach proben Frau Schultz und Schmitt ungefähr eine Stunde lang, bis 21.30 Uhr, allein.

Mittwoch, 1. September 1971

Ab 20 Uhr wird der zweite Akt von Anfang probiert. Der Autor greift sehr oft ein und korrigiert die sprachliche Gestaltung des Textes, den Frau Schultz heute wesentlich besser als am Vortage beherrscht. Sie selbst ist darüber merklich froh. Als Beckett bei einer Unterbrechung konstatiert, sie habe sich wunderbar verbessert, antwortet sie, das gebe ihr Auftrieb. Schwierigkeiten bereiten der Darstellerin das grelle Licht der Scheinwerfer, das ihr Tränen in die Augen treibt, so daß sie sehr oft blinzelt. Frau Schultz beunruhigt der Gedanke, wie das später bei den Vorstellungen werden würde. Sie äußert die Absicht, sich Augentropfen zu besorgen. Beckett meint nur, je weniger Winnie blinzle, desto besser sei es. Zur Sprachbehandlung merkt er an, die Sätze zu Anfang des zweiten Aktes könnten noch langsamer aufeinander folgen, die einzelnen »Satz-Pakete« kämen noch zu schnell. Um 21 Uhr trifft Rudi Schmitt ein. Es wird keine Pause gemacht, da der Schauspieler sofort mitarbeitet und den Autor über Details seines letzten Auftrittes befragt. Er möchte wissen, auf welchem Wege Willie nach vorn auf die dem Publikum zugewandte Seite des Hügels komme. Beckett zeigt diesen Weg, indem er selbst über die markierte Dekoration kriecht, was er so lebhaft macht, daß die Anwesenden befürchten, er könne versehentlich in den Zuschauerraum stürzen. – Der letzte Teil des zweiten Aktes vom Auftritt Willies an wird heute zum erstenmal szenisch, das heißt, mit allen Gängen und Bewegungen, angelegt. Schmitt hat die erforderlichen Requisiten, Hut und Handschuhe, zur Verfügung. Wie Beckett es vorgemacht hat, kriecht er um den Hügel, obwohl das auf der markierten Dekoration sehr beschwerlich ist. Man wiederholt den letzten Abschnitt des zweiten Aktes zweimal hintereinander. Noch nicht in Ordnung ist der Ablauf des Hutaufsetzens und des Spiels mit dem Taschentuch von Willie zum Text Winnies. Schmitt ändert den Tonfall beim Keuchen, da Beckett den Hinweis gibt, dieses Keuchen solle nicht realistisch, sondern eher »musikalisch« wirken. Zum Erscheinen Willies hinter dem Hügel merkt Beckett an, die Art, wie Willie sich erhebe, solle an den Stückanfang erinnern, wenn Winnie sich aufrichte. Nach einer kurzen

Pause geht die Probe gegen 21.45 Uhr mit einer Wiederholung der Willie-Szenen des ersten Aktes weiter. Beckett läßt sich – ohne einen Kommentar abzugeben – zeigen, was am Vortag von den beiden Darstellern allein erarbeitet worden ist. Am Schluß antwortet er auf die Frage von Frau Schultz, ob das Gezeigte seinen Vorstellungen entspreche, nur: »So ungefähr.« – Gegen 22.40 Uhr ist die Probe beendet.

Donnerstag, 2. September 1971

Heute ist während der gesamten Probe der Fotograf Horst Güldemeister zugegen und macht Aufnahmen. Ab 11 Uhr wird erneut der zweite Akt bis zum Auftritt von Willie gearbeitet. Frau Schultz ist nicht ganz so textsicher wie am Vortag. Sie muß sich – wie sie selbst betont – bei diesen Abschnitten des Stückes, die fast nur leise Töne erfordern, an den unvermeidbaren Straßenlärm gewöhnen, der von der Bismarckstraße in die *Werkstatt* dringt. Sie sagt, sie spiele zum erstenmal in der *Werkstatt* und sei derartige Lärmbelästigungen vom Schiller- und vom Schloßpark-Theater her nicht gewöhnt. Ob er nicht auch den Lärm höre, fragt sie Beckett. Er höre nur sie, lautet dessen diplomatische Antwort. – Während des Spiels unterbricht Beckett auch heute wieder verhältnismäßig oft, um neue Vorschläge zur sprachlichen Gestaltung des Textes zu machen. Er erkundigt sich, ob im Satz »Ich meine damit, zu mir selbst, die Wüste« (S. 136) das Wort »damit« grammatikalisch notwendig sei, und streicht es, als Frau Schultz verneint. Der erste Teil des Passus, der eingeleitet wird mit »Damals ... jetzt ... was für Schwierigkeiten hier, für den Verstand« (S. 136), und der bis zum Ende der Seite geht, soll noch als nüchterne Feststellung, nicht in dem Tonfall gesprochen werden, den Winnies Stimme gewöhnlich bei der Erörterung der Gegensätzlichkeit von Gegenwart und

Vergangenheit hat. Für den letzten Satz »Und nichts Wahres daran, nirgends« (S. 136) wünscht Beckett mehr »Farbe«. Erneut weist er darauf hin, daß die Einschübe »ich sage« (z. B. S. 136) sich deutlich vom übrigen Text abheben müßten. Auch mit einer anderen Erläuterung greift er eine frühere Bemerkung auf: die beiden Sätze »Nimm zum Beispiel meinen Spiegel, er braucht mich nicht. *Pause«* (S. 139) und »Die Klingel« (S. 139) würden aus ganz verschiedenen Stimmungen heraus gesprochen, die sich deutlich voneinander unterschieden. Der Gedanke an die Klingel sei Winnie unangenehm. Die Klingel, das sei der Feind. Im Verlauf der Probe ergeben sich noch die folgenden Hinweise: Mit den Textwiederholungen in der Erzählung von Mildred (S. 141) korrigiert Winnie sich selbst, wenn sie bemerkt, daß sie in ihrer Geschichte etwas ausgelassen hat. Beispielsweise fügt sie hinzu »Unter den Tisch kroch« (S. 141), nachdem sie gesagt hat »in das Kinderzimmer trat und Püppchen aufzuziehn begann« (S. 141). In der »langen Pause« nach dem Satz »Plötzlich eine Maus –« (S. 141), mit dem die Mildred-Erzählung einen vorläufigen Abschluß findet, soll Winnie die Augen schließen und das folgende »Sachte, Winnie« (S. 141) mit geschlossenen Augen sprechen. Zur sprachlichen Gestaltung allgemein bemerkt Beckett, Frau Schultz solle etwas von dem Tonfall, mit dem sie die Geschichte von Mildred, insbesondere den Abschnitt über das Püppchen, erzähle, in die durch das ganze Stück gehende »Winnie-Stimme« übernehmen. Ihre Stimme solle leicht an die einer Puppe erinnern. Einzelne Töne kämen im Augenblick noch zu sehr aus dem Hals, außerdem sei die Stimme von Frau Schultz für den zweiten Akt noch zu »gesund«, zu stark. – Ab 11 Uhr wird von beiden Darstellern das Ende des zweiten Aktes ab Willies Auftritt probiert. Die markierte Dekoration erlaubt noch kein sehr genaues Spiel; aus diesem Grund können Einzelheiten noch nicht festgelegt werden, doch finden Beckett und Schmitt heute gemeinsam einige neue Ak-

zente für Willies Auftritt. Heiterheit löst Becketts Anregung aus, Willie solle sich bei der Reinigung der Kleidung vorn an der Rampe Sand von den Ärmeln blasen. Gegen 12.30 Uhr erscheint die Fotografin Ilse Buhs, um Probenfotos zu machen. Beide Darsteller wiederholen dafür kurze Szenen aus dem Stück. Die Fotografin bittet Frau Schultz, einige Requisiten vor sich auszubreiten, oder aber den Sonnenschirm aufzuspannen, damit die Szene und später die Bilder »lebendiger« würden. Beckett, der sich auf der Bühne befindet, und absichtlich oder unabsichtlich nur das Wort »lebendiger« hört, meint sarkastisch, lebendiger, nein, das sei zuviel verlangt. Er überwindet jedoch seine Abneigung gegen das Fotografieren und kommt bereitwillig den Wünschen von Frau Buhs nach, die nun selbst für ihre Aufnahmen einige Szenen mit Autor und Darstellern arrangiert. Nach einer kurzen Pause werden die Willie-Szenen des ersten Aktes probiert, die sich der Regisseur ansieht, ohne neue Anweisungen zu geben; er greift nur ein, wenn Fehler gemacht werden, das heißt, wenn das Spiel nicht seinen Anweisungen entspricht. Diese separate Wiederholung der Willie-Szenen des ersten Aktes soll die letzte sein. Für den folgenden Tag ist ein vollständiger Durchlauf des ersten Aktes mit beiden Darstellern geplant. Die Probe endet gegen 13.45 Uhr.

Freitag, 3. September 1971

Bevor um 12 Uhr mit dem ersten Akt begonnen wird, erkundigt sich Beckett bei Frau Schultz und Rudi Schmitt, ob für Korrekturen unterbrochen werden solle. Beide Darsteller sind damit einverstanden. Der Regisseur gibt vor Spielbeginn noch eine wichtige Änderung bekannt, die er sich aufgrund der Probe vom Vortage notiert hat. Er habe lange überlegt, so sagt er, wie die Tatsache, daß Winnie am Schluß des ersten Aktes nicht mehr beten könne

(S. 134), deutlich zu machen sei, und habe folgende Lösung gefunden: Winnie solle beide Arme seitlich nach vorn ausgebreitet halten und, indem sie sie beuge, die Hände zum Gebet zu schließen versuchen. Das gelinge ihr jedoch nicht. Beim Ansetzen zu dieser Gebärde werde sie zudem durch den letzten Satz Willies im ersten Akt »Heller Knabe gesucht« (S. 134) gestört. Die Änderung der Geste des Betenwollens am Schluß habe auch Konsequenzen für die Gestaltung des Stückanfanges: Winnie solle mit der gleichen Bewegung der Arme von der Seite her zum Beten ansetzen (S. 98). Im Verlauf der Probe unterbricht Beckett des öfteren und regt weitere Änderungen an, die sich meist auf Bewegungen und Betonungen, nicht aber auf den Dialog beziehen. Frau Schultz schlägt vor, das Wort »Kummer« nicht, wie ursprünglich von Beckett geplant, durch »Unmut«, sondern durch »Melancholie« zu ersetzen. Das erscheine ihr treffender. Beckett akzeptiert. Er habe kein so starkes Wort wie »Kummer« wählen wollen, sagt er. Frau Schultz erklärt, daß ihrer Meinung nach »Unmut« in einem ganz anderen Bedeutungsfeld liege. Nach Abschluß des fünften Abschnittes des ersten Aktes wird um 13.30 Uhr eine Pause eingelegt. Beckett ist erstaunlich großzügig mit Auskünften über das Zustandekommen der *Glücklichen Tage.* Er sagt, das Stück sei für ihn ein Wagnis gewesen. Er habe sich gefragt, ob es möglich sei, ein Stück zu schreiben, das nur vom Text lebe und ohne Handlung auskomme. Das habe mit Lyrik oder Prosa nichts zu tun. Es sei Theaterliteratur und könne nur auf der Bühne vor sich gehen. Die Vorarbeit (zur Regie) sei gewesen, das ganze Stück im Kopf durchzuspielen, um zu sehen, was die Schwierigkeiten sein würden. Lächelnd fügt er hinzu, auf der geistigen Bühne sehe man jedoch nicht so gut wie in der *Werkstatt,* womit er offensichtlich auf die Schwierigkeiten anspielt, die sich bisher bei den Proben ergeben haben. Zur Mildred-Geschichte Winnies merkt er an, es bleibe offen, ob die Geschichte nicht etwas sei, das sie selbst erlebt habe. Den Satz »Mildred hat Erinnerungen, sie wird Erinnerungen haben, an den Schoß, bevor sie stirbt, den Mutterschoß« (S. 140) bringt Beckett mit der augenblicklichen Situation Winnies in Zusammenhang: es gebe durchaus Verbindungen zwischen diesem »Mutterschoß« und dem Schoß der Erde, in den Winnie versinke. Beckett beschließt diese Erläuterungen mit der Bemerkung zu Frau Schultz, er denke, das könne ihr vielleicht helfen, die Erzählung zu gestalten. In der Pause bringt Horst Güldemeister Abzüge der Aufnahmen, die er tags zuvor gemacht hat. Sie sind nach dem Urteil der beiden Schauspieler sehr gut gelungen; Beckett hält sich mit einem Kommentar zurück, aber er möchte ebenfalls einige Fotos »für Freunde« haben. Für sich selbst sucht er eines aus, das ihn schemenhaft im Hintergrund eines Bildes zeigt, auf dem Winnie und Willie sehr groß und deutlich im Vordergrund zu sehen sind. Während des zweiten Teils der Probe, die um 14.50 Uhr beendet ist, werden die Abschnitte sieben und acht gearbeitet. Beckett äußert seine Zufriedenheit mit der Gestaltung der ersten sechs Abschnitte. Die nächsten beiden bedürften noch intensiver Arbeit, fügt er hinzu.

Samstag, 4. September 1971

Probenbeginn: 12.00 Uhr. Auch heute wird wieder der erste Akt von Anfang gearbeitet. Beckett macht sich während des Spiels Notizen und unterbricht nicht mehr für einzelne Korrekturen. Was die technische Bewältigung des Textes und der Bewegungen durch Frau Schultz anbelangt, sind deutliche Fortschritte gegenüber dem Vortag zu erkennen. Eine ganze Anzahl von Bewegungen, die man in den ersten beiden Probenwochen gefunden und zusätzlich zu den im Text vorgeschriebenen in das Spiel eingebaut hat, werden heute wieder weggenommen, da sie sich als überflüssig oder zum Teil sogar für den Ablauf des Spiels als störend erweisen. So fallen beispielsweise zwei Handbewegungen weg, die das Heben und Senken des Kopfes bei »An welchem Tag?« (S. 112) unterstützen sollten. Als überflüssig erweist sich auch das akustische Zeichen, das Frau Schultz für Schmitt gibt, damit dieser seine Zeitung verschwinden läßt, nachdem Winnie ihren Spiegel hingelegt und sich zu ihrem Sack gedreht hat (S. 106 oben). Willie nimmt nun sofort nach seinem Satz »Heller Knabe gesucht« (S. 106) die Zeitung herunter; er hat dann genügend Zeit, sie zu falten, um sich später mit der gefalteten Zeitung Luft zuzufächeln. Dieses für den Zuschauer unsichtbare Falten der Zeitung wird vom Darsteller allerdings nicht ausgeführt, da er eine andere, schon gefaltete Zeitung zum Fächeln benutzt. Beckett will durch eine besondere Betonung des Satzes »Mein zweiter Ball« (S. 105) einen komischen Effekt erzielen. »Mein erster Ball!« solle, ebenso wie der übernächste Satz »Mein erster Kuß!«, ekstatisch, »mit einem Lächeln« – so Beckett – gesprochen werden. In »Mein zweiter Ball!«, dies hat er schon früher erklärt, klinge Enttäuschung mit. Der Zuhörer warte nun nach dieser parallel angelegten Aufzählung »Mein erster Ball! *Lange Pause.* Mein zweiter Ball! *Lange Pause. Schließt Augen.* Mein erster Kuß! *Pause*« (S. 105) auf den Satz »Mein zweiter Kuß!«. Daß dieser Satz nicht komme, könne durchaus als Überraschungsmoment ausgespielt werden. Gegen 13.20 Uhr, nach Abschluß des fünften Abschnittes, schlägt Beckett vor, eine Pause einzulegen. Frau Schultz ist froh darüber; die Bewältigung des ersten Aktes strenge sie zum gegenwärtigen Zeitpunkt noch immer außerordentlich an. Auch Schmitt sagt, daß er zwischen den einzelnen Einsätzen nicht entspannt zuhören könne, sondern, obwohl nicht sichtbar, quasi immer im Spiel sei. In der Pause macht Beckett nur den Vorschlag, der Blick nach vorn bei »fast keine« (S. 99, vierte Zeile von unten), der vor Tagen zusätzlich in das Spiel eingefügt worden war, solle entfallen. Nach der Pause werden die Abschnitte sechs bis acht des ersten Aktes durchgespielt. Gegen 14.10 Uhr ist die Probe beendet.

Sonntag, 5. September 1971

Keine Probe.

Montag, 6. September 1971

Der Beginn der Bühnenprobe, die auf 12 Uhr angesetzt ist, verzögert sich um eine halbe Stunde, da Beckett zuvor noch eine Anzahl wesentlicher Änderungen bekanntgibt; die wichtigste davon betrifft den Dialog zwischen Winnie und Willie (S. 114). Er wünscht, daß entgegen dem, was zu Anfang der Proben gemacht wurde, als beide Darsteller langsam, manchmal sogar schleppend sprachen, der Dialog nun zügig vorangehen soll. Das Tempo des Sprechens wurde im Verlauf der Proben sukzessive schneller. Dem anfänglichen langsamen Sprechen folgte eine Probenphase, in der Beckett anregte, Winnie solle ihre Sätze zügig an die Willies anschließen. Jetzt ist es so, daß Beckett ein flottes Tempo auch im Dialog anstrebt und – um dieses Tempo zu erreichen – die retardierenden Rückfragen Winnies »Und jetzt? – *Etwas lauter:* Und jetzt?« sowie Willies Antwort »Ja!« (S. 114) streicht. Ferner streicht er Winnies zweites »Was?« vor Winnies erstem »Fürchte nicht mehr!« (S. 114). Die weiteren Korrekturen betreffen hauptsächlich Handbewegungen und das Atmen Winnies während ihrer schnell gesprochenen Monologe. Sie lauten im einzelnen: Winnie soll nach Willies Satz »Chance für fixen Jungen« (S. 105) die Brille nicht absetzen, sondern weiter aufbehalten und erst nach »und er hatte ganz bestimmt keinen Geräteschuppen« abnehmen. Nach Willies

Fächeln mit der Karte (S. 108) entfällt das nochmalige Betrachten, das Beckett vor einigen Tagen gewünscht hatte. Er begründet das damit, daß Willie sich ja schon zuvor an der Karte sattgesehen habe und sie deshalb nicht nochmals anschaue. Winnie solle während ihres Satzes »Golden nanntest du es, golden, an jenem Tag« (S. 112) nach der Wiederholung des Wortes »golden« aufhören, nach ihrem Haar zu schielen. Zur sprachlichen Bewältigung des schnell gesprochenen Monologes von Winnie schlägt er drei Zäsuren vor, die zum Atemholen benutzt werden könnten: die erste nach »was sehr unwahrscheinlich ist« (S. 114), die zweite nach »und dabei nichts wissend« (S. 115), die dritte nach »solche Wüste« (S. 115). Wenn Winnie einen schnellen Griff in ihrem Sack tue und den Revolver finde (S. 120), so halte sie ihn am Lauf, sehe ihn an, treffe dann die Feststellung »Du wieder!« und werfe ihn ein wenig hoch, so daß er auf der flach ausgestreckten linken Hand lande. In dem Text, in dem Winnie Willie anfleht, ihr das Herunternehmen des Schirmes zu befehlen, möchte er das Wort »Erbarmen« (S. 123) gestrichen haben. Während die Spieldose abläuft (S. 126), solle Winnie folgende Bewegungen ausführen: beim ersten »lieb« drehe sie den Körper nach vorn, beim zweiten »lieb« hebe sie den Kopf, und ab »beschrieb« fange sie an, den Oberkörper im Takt der Melodie zu wiegen. Ein weiterer Vorschlag betrifft das Wegwerfen des Spiegels (S. 126). Um das Geräusch splitternden Glases möglichst synchron zum (für den Zuschauer unsichtbaren) Aufschlagen des Spiegels zu erzielen, bittet Beckett Schmitt, diesen Effekt mittels entsprechender Requisiten vorzunehmen. Das während der Proben eingefügte zusätzliche Hutabsetzen Winnies (S. 134), das durch Willie gestört wird, soll auf Vorschlag Becketts nun doch unterbleiben. Es störe die Stille, welche sich gegen Ende des ersten Aktes über die Szene ausbreite. Aus dem gleichen Grund soll Willie seine Zeitung nicht erst nach »Bete dein Gebet, Winnie«, sondern schon nach seinem letzten Satz »Heller Knabe gesucht« (S. 134) herunternehmen.

Um 12.35 Uhr beginnt die Probe des ersten Aktes. Obwohl Beckett sich schriftlich Notizen macht, greift er heute wieder öfter direkt ins Spiel ein. Als Frau Schultz bei der Besichtigung Willies (S. 103) vergißt, die Brille auf die Stirn hochzuschieben, schlägt er vor, das vor dem Satz »Zieh' dir deine Unterhosen an« (S. 104) zu tun. Nachdem Winnie durch Willies Rezitationen aus der Zeitung immer wieder daran gehindert wurde, ihren Hut aufzusetzen (S. 104 und 105), solle sie ihn nach Willies Satz »Heller Knabe gesucht« (S. 106) sehr schnell so aufsetzen, als ob sie befürchte, erneut davon abgehalten zu werden. Aus Winnies Kommentar »Hätte ich dich doch weiterschlafen lassen« (S. 109), womit sie auf Willies Naseputzen und die Verwendung des gebrauchten Taschentuches als Kopfbedeckung reagiert, müsse deutlich Ekel herauszuhören sein. Beckett greift dann einen Vorschlag von Frau Schultz auf. Sie hatte vor einigen Tagen gefragt, ob es möglich sei, den Satz »Etwas davon wird gehört, ich rede nicht nur zu mir selbst, das heißt in die Wüste, was mir immer unerträglich war auf die Dauer« (S. 109) so zu verändern, daß er nicht in der ersten, sondern in der zweiten Person Singular gesprochen werde und damit grammatikalisch dem zweiten Teil des vorangehenden Satzes entspreche. Beckett hatte zunächst gezögert und zugesagt, sich diese Version durch den Kopf gehen zu lassen; heute ändert er den Satz. Winnie sagt nun: »Etwas davon wird gehört, du redest nicht nur zu dir selbst, das heißt in die Wüste, was dir immer unerträglich war – auf die Dauer.« Zwei weitere Textänderungen Becketts lauten: die Namensnennung von Willie in Winnies Feststellung »Selbst wenn du gegangen bist, Willie« (S. 115) könne wegfallen; Winnies Frage »Glaubst du, Willie, daß du mich sehen könntest, von dort aus, wo du bist, wenn du deine Augen zu mir aufschlügest?« (S. 116) solle nicht als Frage gesprochen werden. Andere Hinweise betreffen kleine Veränderungen von Bewegungen und Gesten. Die Probe ist gegen 14.30 Uhr beendet.

Dienstag, 7. September 1971

Entgegen dem ursprünglichen Plan des Technischen Leiters ist heute schon die Dekoration des Stückes auf der *Werkstatt*-Bühne aufgebaut. Sie besteht im wesentlichen aus einer Polyester-Platte (Winnies Hügel), die im Malersaal in einem Stück hergestellt, für den Transport in zwei Teile zersägt und in der *Werkstatt* wieder zusammengefügt worden ist. Die Seitenwände sind mit schwarzem Samt ausgehängt; den Hintergrund bildet ein bemalter Prospekt. Sowohl Beckett als auch Frau Schultz äußern Zufriedenheit darüber, daß nun die Originalbedingungen für das Spiel gegeben seien. Durch einige Arbeiten an der Dekoration, die die Technik noch ausführt, verzögert sich der Beginn der Probe, der für 12 Uhr festgelegt war, auf 12.15 Uhr. Schmitt versucht, gemeinsam mit Beckett, die Bewältigung des Weges zu erproben, den er am Schluß des Stückes von seinem angestammten Platz hinter dem Hügel nach vorn, vor den Hügel, auf Winnie zu, unternimmt. Da das heute zum erstenmal auf der Originaldekoration vor sich gehen kann, läßt man sich damit Zeit und probiert verschiedene Möglichkeiten aus. Es erweist sich, daß Willies bisheriger Weg ungünstig ist, weil man im Zuschauerraum sehr wenig von seinem Spiel sieht. Von der Stelle, an der er sich säubert, ist Willie seither mit dem Rücken zum Publikum auf Winnie zugekrochen. Dadurch würde nicht nur die linke Hand verdeckt, mit der er sich nach Winnie (oder möglicherweise dem Revolver) reckt, auch der »innige Blick« zwischen Winnie und Willie, der Beckett so wichtig ist, könnte von einem Großteil des Publikums nicht gesehen werden. Beckett schlägt zunächst vor, Willie solle den rechten Arm nach Winnie ausstrecken;

Schmitt macht mehrere Versuche, dann beschließen Beckett und er, den Weg Willies zu ändern. Willie kriecht nun nicht mehr von der Stelle an der Rampe, an der er sich säubert, in einer geraden Linie auf Winnie zu, sondern wendet sich zuerst nach hinten und kriecht dann – nach einer Wendung zur Mitte – von der Seite her – parallel zur Rampe – auf sie zu. Dies hat den Vorteil, daß sowohl die Geste als auch die Blicke Willies von fast allen Plätzen des Zuschauerraumes aus gesehen werden können. Schwierigkeiten ergeben sich vor allem durch die Steine, die über den Hügel verstreut liegen, und zwar genau an der Stelle, an der Willie nun kriechen soll. (Nach der Probe erkundigt sich Beckett, ob im Modell von Matias so viele Steine vorgesehen seien, er bezweifelt es. Matias werde es überprüfen, meint er.) Mit dem Kriechen Willies, wie überhaupt mit dem ganzen Schluß, soweit er die Aktionen Willies betrifft, ist Beckett nicht einverstanden. Man werde das noch proben, kündigt er an, und zwar ohne Frau Schultz. Schmitt ist darüber sehr froh; er habe, wie er sagt, nicht das Gefühl, daß dies der richtige Weg sei. Die Einzelprobe soll im Anschluß an die Probe des ersten Aktes am nächsten Tag stattfinden. Mit der »Halskrause« aus Schaumgummi sind sowohl Frau Schultz als auch Beckett nicht einverstanden. Frau Schultz verweist auf Bilder der Pariser Inszenierung, bei der dieses Problem wesentlich besser gelöst scheine. Vor Beginn der Probe des ersten Aktes führt das Beleuchtungsteam Beckett die Übergänge von Hell zu Dunkel am Anfang und am Ende der Akte vor. Beckett wünscht einen allmählichen Übergang, der zu Beginn ca. zehn Sekunden von Dunkel nach Hell und am Schluß acht Sekunden von Hell nach Dunkel dauern soll. Die Beleuchter haben zusätzliche Scheinwerfer montiert, da Beckett zu Beginn der Proben hatte wissen lassen, er wolle sehr helles Licht im ersten und außerordentlich helles Licht im zweiten Akt haben. Darauf hat man sich eingerichtet. Um 12.15 Uhr beginnt die Probe. Der erste Akt wird ohne Unterbrechung durchgespielt. Beckett greift nicht ein und macht auch keine Notizen. Anscheinend will er Frau Schultz mit den neuen Bedingungen des Bühnenbildes vertraut werden lassen. Auch die Probe des zweiten Aktes, die ungefähr um 13.10 Uhr beginnt, läuft fast ohne Unterbrechungen durch. Beckett hat Frau Schultz in der Pause zwei Hinweise gegeben, jetzt unterbricht er nicht. Er geht nach hinten in den Zuschauerraum, offensichtlich um die Hörbarkeit der leise gesprochenen Passagen zu überprüfen. Insgesamt hat man den Eindruck, als ob auch er sich intensiv mit den Gegebenheiten des erstmals aufgebauten Bühnenbildes auseinandersetze und dessen Wirkung in sich aufnehme. Am Ende der Probe gegen 14.05 Uhr äußert er seine Zufriedenheit mit dem Gesehenen, meint aber, es müsse der zweite Akt insgesamt schneller gesprochen werden.

Mittwoch, 8. September 1971

Beckett trifft eine halbe Stunde vor dem offiziellen Probenbeginn, der auf 11 Uhr festgesetzt ist, in der *Werkstatt* ein. Er wolle für sich allein den Weg Willies ausprobieren, sagt er. Auch heute sind wieder die Beleuchter da, die schon vor der eigentlichen Beleuchtungsprobe die Stimmungen des ersten und des zweiten Aktes zu finden versuchen, um sie »fertig« anbieten zu können. Von der »Technischen Probe«, die für den heutigen Tag angesetzt worden war, ist nicht viel zu bemerken, da das Bild schon am Vortag aufgebaut wurde und keine wesentlichen Veränderungen vorgenommen werden. Beckett äußert noch einmal seine Unzufriedenheit mit der Schaumgummi-Krause um Winnies Taille bzw. Kopf. Um 11.10 Uhr beginnt Frau Schultz mit dem ersten Akt. Das neue Bühnenbild, die neuen Gegebenheiten, bereiten ihr noch Schwierigkeiten; zudem ist es heute in und außerhalb der *Werkstatt* sehr laut. Die meisten Requisiten sind noch nicht als Originale vorhanden, und der Sack, in dem die Dinge aufbewahrt werden, zeigt anscheinend seine Tücken beim Spiel. Beckett unterbricht auch bei offensichtlichen Fehlern nicht, sondern läßt den Akt durchlaufen, macht aber zahlreiche Notizen. Nach Beendigung des ersten Aktes meint er, Winnie solle von Anfang an bis »alte Augen« (S. 101) virtuos, fließend und beweglich sein. Frau Schultz müsse das Tempo anvisieren, das sie beim Sprechen der schnellen Passagen »Dank dir, Willie« (S. 114) habe. Sie müsse überdies versuchen, alle Bewegungen »kleiner« zu machen und insgesamt leiser zu sprechen; beispielsweise brauche sie keineswegs laut zu werden, wenn sie mit Willie spreche. Auch lächle Winnie noch zu stark und zu oft. Willie solle im ersten Akt seinen Kopf nicht hoch über den Hügelrand erheben. Ideal wäre, wenn meist nur der Hut zu sehen sei. Frau Schultz schlägt eine Änderung vor: bei »Vergib mir, Willie, die Melancholie bricht immer wieder durch« (S. 121) wolle sie den Kopf gesenkt halten. Beckett akzeptiert. Nach einer Pause, die gegen 12.20 Uhr eingelegt wird, probt Beckett mit Schmitt um 12.35 Uhr den Schluß des zweiten Aktes, für den er sich vor der Probe allein auf der Szene vorbereitet hat. Es ergeben sich einige wichtige Änderungen. Willies Kriechen erfolgt ohne das laute Atmen bzw. das Keuchen, das Schmitt bislang gespielt hat. Willie kriecht auf allen Vieren lautlos nach vorn an die Rampe, nachdem er sich zum erstenmal hinter dem Hügel – und zwar nur mit dem Kopf – ungefähr sieben Sekunden hat sehen lassen. An der Rampe richtet er nur den Kopf, nicht aber den Oberkörper auf; dann säubert er sich, wie vorgesehen, kriecht weiter zur Mitte zum Fuße von Winnies Hügel, jedoch nicht, wie am Vortag vereinbart, zuerst in einem rechten Winkel nach hinten zurück, sondern so wie ursprünglich vorgesehen: leicht schräg in der Diagonalen. Dort richtet er sich auf, um Winnie durch das Hutabnehmen zu grüßen. Nach Winnies »ich werde es dir nicht verübeln« (S. 147) fängt er an, den Hügel hochzukriechen; er zieht sich mit den Händen an den Steinen den Hügel hinauf, ohne sich dabei sonderlich mit den Füßen abzustemmen. In einer Kuhle, die sich auf der Vorderseite des Hügels (vom Zuschauer aus links) befindet, kommt er nicht weiter. Beckett löst das Problem, Willies Gesten und sein Gesicht dem Publikum sichtbar zu machen, indem er anordnet, den Revolver in die Mitte des Hügels vor Winnie zu legen. Nun hat Schmitt genügend Platz, um seine Hand deutlich wahrnehmbar nach ihm (oder Winnie?) auszustrecken, ohne Winnies Gesicht zu verdecken und ohne selbst mit abgewandtem Gesicht spielen zu müssen. Beim Hochkriechen bewegt sich Willie, dessen Körperachse ungefähr parallel zur Rampe ausgerichtet ist, mehr seitwärts als vorwärts. Nach dem Klettern hält er die ganze Zeit den Kopf gesenkt, bis Winnie sagt: »Du brauchtest immer dringend eine Hand, Willie« (S. 148). Das im Text vorgeschriebene Abrutschen Willies streicht Beckett. Folgende Szenenanweisung und der dazugehörige Text fallen weg: »*Er rutscht an den Fuß des Hügels zurück und liegt mit dem Gesicht am Boden.* Wumm! *Pause. Er richtet sich auf Hände und Knie auf und hebt sein Gesicht zu ihr.* Versuch's nochmal, Willie, ich werde dich anfeuern« (S. 148). Wenn Winnie ihr *Lippen schweigen* singt (S. 149), soll Willie seine ausgestreckte Hand langsam senken. Nach Beendigung der Einzelprobe um 13.45 Uhr läßt Beckett Schmitt wissen, daß der Bewegungsablauf seiner Ansicht nach ungefähr so wie eben geprobt vor sich gehen werde. Kleine Änderungen seien allerdings immer noch möglich. Bevor Beckett die *Werkstatt* verläßt, kommt er noch einmal auf die Requisiten zu sprechen. Er wünscht sie sich »älter«; sie dürften nicht so modern, so neu aussehen. Der Schraubverschluß der Medizinflasche beispielsweise solle durch einen Korken ersetzt werden. Der Requisiteur verspricht, diese Änderungen vorzunehmen.

Donnerstag, 9. September 1971

Matias ist wieder in Berlin, um bei den letzten Proben vor der Premiere dabei zu sein. Eine auf 11 Uhr angesetzte Beleuchtungsprobe wird spontan in eine »Technische Probe« umgewandelt, als sich herausstellt, daß es gravierende Probleme mit der Dekoration gibt. Der Technische Leiter befürchtet, die Bauaufsicht werde den in den Zuschauerraum ragenden Teil des Hügels beanstanden; außerdem könne dieser Teil nicht bespielt werden, da die Konstruktion das Gewicht von Herrn Schmitt nicht trage. Beckett gibt zu verstehen, ihm sei es außerordentlich wichtig, daß das Publikum nicht gleich beim Eintreten in den Zuschauerraum das Bühnenbild in seiner Gesamtheit sehen könne. An die Benutzung eines Vorhanges ist bisher nicht gedacht. Die Beleuchtung versucht, Scheinwerfer von der Bühne aus so in den Zuschauerraum zu richten, daß das Publikum geblendet wäre und vor Stückbeginn die völlig im dunkeln liegende Szene nicht sehen könnte. Diese Einrichtung der Scheinwerfer erweist sich im Zusammenhang mit den technischen Anforderungen der Lichtstimmungen des ersten und zweiten Aktes als fragwürdig. Jede Lichtquelle, die ins Publikum gerichtet wird, fehlt bei der Ausleuchtung der Dekoration. Zudem stellt sich der gewünschte Beleuchtungseffekt nicht ein. Schließlich wird der Versuch gemacht, die gesamte Dekoration so weit auf der *Werkstatt*-Bühne nach hinten zu schieben, daß sie nicht mehr in den Zuschauerraum hineinragt. Matias hatte sich dagegen bisher gewehrt, weil er befürchtete, eine bestimmte Wirkung, die er mit dem Schlußprospekt erreichen will, werde zunichte gemacht. Diesen Prospekt will er nämlich nicht glatt nach unten fallen, sondern in einem weiten Bogen nach vorn durchhängen lassen. Der Prospekt muß also auf dem Bühnenboden ungefähr einen Meter weiter vorn festgemacht werden, als er oben in einem der Züge eingehängt ist. Die Wölbung des Prospektes soll

– bei entsprechender Beleuchtung – der auf ihm dargestellten Landschaft räumliche Tiefe verleihen. Als sich herausstellt, daß ein durchhängender Prospekt auch bei zurückgeschobener Dekoration möglich ist, stimmt Matias schließlich dieser Änderung zu, und auch Beckett zeigt sich einverstanden. Die räumlich ganz in den Bereich der Bühne versetzte Dekoration bringt einige wesentliche Vorteile: nunmehr kann ihre ganze Fläche ohne Einschränkung bespielt werden; zudem wird Winnies Kopf im zweiten Akt wesentlich besser von allen Plätzen des Zuschauerraumes aus zu sehen sein, da Frau Schultz – weiter hinten placiert – entsprechend höher sitzt. Gelöst scheint auch das Problem der Sichtbarkeit des Bühnenbildes vor Spielbeginn. Da die Dekoration sich völlig in dem Bereich des Theater befindet, in den keine Zuschauer gelangen können, dürfte es keine Schwierigkeiten mit der Baupolizei geben, wenn dieser Bereich weitgehend abgedunkelt wird. Darüber hinaus hat man nun die Möglichkeit, mit Vorhang zu spielen; über diese Möglichkeit soll in den nächsten Tagen entschieden werden. An der zurückgeschobenen Dekoration wünscht Matias einige Änderungen. Die rechtwinkligen Ecken der Polyesterplatte des Hügels links und rechts hinten sollen abgesägt werden, damit der Übergang vom Hügel zum Prospekt fließender wirkt. Auch Matias sind die Steine zu groß und farblich zu sehr betont; sie sollen verkleinert und weniger grell bemalt werden. Bei der Überprüfung der Requisiten hat Matias vor allem Einwände gegen das Aussehen des Sonnenschirmes, der auf ausdrücklichen Wunsch Becketts aufgespannt lediglich einen Durchmesser von circa sechzig Zentimeter hat; in geschlossenem Zustand ist daher das Gestänge sichtbar. Das dürfe auf keinen Fall sein, sagt Matias. Der Requisiteur will sich um eine andere Lösung bemühen. Während der Besprechung über die Requisiten haben die Beleuchter begonnen, die zurückgeschobene Dekoration neu auszuleuchten. Gegen 14 Uhr verläßt

Beckett das Theater. Matias bleibt, um in den Werkstätten nochmals detaillierte Angaben über die Veränderungen des Bühnenbildes zu machen. – Am Abend ist für 20 Uhr eine Stückprobe angesetzt. Frau Schultz hat für die Abendprobe plädiert, um die Originalbedingungen, vor allem die akustischen Gegebenheiten der *Werkstatt*-Bühne kennenzulernen. Heute werden zum erstenmal der erste und der zweite Akt nacheinander durchgespielt. Beckett unterbricht öfter als bei den vorangegangenen Proben, um wieder gründlich über Details zu sprechen; Frau Schultz selbst unterbricht ebenfalls, um sich zu korrigieren und um kleine Passagen zu wiederholen. Die Regieanweisungen Becketts beziehen sich zu ungefähr gleichen Teilen auf die sprachliche Gestaltung des Textes und auf die Bewegungen und die Mimik Winnies. Beckett verweist nochmals auf ihre Kurzsichtigkeit und sagt, immer wenn sie die Zahnbürste ohne Brille betrachte (bspw. S. 99), müsse sie diese sehr nahe vor die Augen halten. Intensiv setzt man sich mit der Passage auseinander, in der Winnie Willie hilft, in sein Loch zurückzukriechen (S. 113). Von Anfang an hat Frau Schultz Winnies Kommandos mit entsprechenden Bewegungen des rechten Armes unterstützt. Jetzt werden diese Bewegungen noch einmal überprüft und im Ablauf geändert. Winnie hebt den Arm bei »Nun mal los, Willie«, senkt ihn nach »rückwärts rein«, hebt ihn erneut bei »Du hast deine Vaseline liegen lassen« und senkt ihn schließlich endgültig mit dem Ausruf »Da!« (S. 113). Beckett geht erneut auf die Bemerkungen Winnies über das Seltsame ihrer Situation ein (S. 127). Trotz der Szenenanweisung im Text *(»Leise«)* solle der Satz »Das seltsame Gefühl, daß mich jemand ansieht« nicht geflüstert werden. Er müsse aber, ebenso wie das Folgende bis zu der Feststellung »Nein, hier ist alles seltsam« (S. 127) langsam und »ganz still« gesprochen werden. Schwierigkeiten bereitet Frau Schultz der Übergang von dieser Feststellung zu dem Satz »Etwas sagt mir«, den

Winnie nach der Szenenanweisung des Textes wieder mit normaler Stimme spricht. Beckett erklärt, durch die Veränderung der Stimme solle ein Stimmungsumschwung, der in Winnie vor sich gehe, zum Ausdruck gebracht werden. Er schlägt vor, diesen Umschwung nicht nur akustisch, sondern auch optisch zu markieren: dazu müsse man eine Bewegung finden. Frau Schultz bietet eine Kopfbewegung an; sie spielt ein Lauschen, bei dem sie den Kopf zur Seite neigt. Beckett akzeptiert. Ein Lauschen ähnlicher Art war an dieser Stelle früher schon einmal durch eine größere Bewegung, durch das tiefe Senken des Kopfes, angespielt worden, hatte aber sowohl Beckett als auch Frau Schultz nicht gefallen und war deshalb nicht beibehalten worden. Ab 22 Uhr wird – nach einer nur kurzen Pause – der zweite Akt probiert. Frau Schultz spielt ihn – ebenso wie schon den ersten – heute wesentlich leiser als bei den früheren Proben. Man merkt deutlich, daß sie Becketts Bitte vom Vortag, allgemein die Lautstärke zu dämpfen, nachzukommen bemüht ist. Außerdem berücksichtigt sie seine Anregung, nicht zu viel zu lächeln. Trotz der Reduzierung der Lautstärke ist die Intensität geblieben, das ganze Spiel bekommt mehr von dieser »Stille«, die sich Beckett immer wieder für die Darstellung der *Glücklichen Tage* gewünscht hat. (Eine seiner häufigsten Anweisungen zu vielen Passagen ist: »Ganz still«, womit er auch die Haltung Winnies bei den im Text vorgeschriebenen Pausen meint.) Während der Probe erweist es sich, daß die veränderte Lage des Revolvers eine Textänderung erforderlich macht. Frau Schultz beanstandet bei der Stelle »Brownie ist da, Willie, neben mir« (S. 139), daß das ja nun nicht mehr stimme. Beckett schlägt spontan vor, »Brownie ist bei mir« zu sagen, unterbricht aber kurz darauf und sagt, »bei mir« sei nicht gut. Nach einiger Überlegung meint er, es sei das Beste, den Satzteil ganz zu streichen. Die Probe ist gegen 22.50 Uhr beendet.

Freitag, 10. September 1971

Der für 11 Uhr geplante Beginn der heutigen Probe verschiebt sich um eine Stunde, da sowohl die Bühnentechnik als auch die Beleuchtung und Requisite noch dringend Arbeiten auszuführen haben, für die zum Teil eine Rücksprache mit Regisseur und Bühnenbildner erforderlich ist. Die Beleuchtung hat noch immer mit dem Ausleuchten des zurückgeschobenen Bühnenbildes zu tun und bemüht sich in Zusammenarbeit mit Matias um optimal helle Stimmungen. Vor allem will man Schattenwirkungen auf dem Prospekt vermeiden. Um 12 Uhr erscheint Frau Schultz, heute zum erstenmal in Kostüm und Maske. Zum Kostüm, einem trägerlosen, dekolletierten Abendkleid, bemerkt Beckett, es sei ihm zu sauber. Die Perücke, graues fülliges, lockiges Haar, bereitet Frau Schultz im Verlauf der späteren Probe, wie sie es voraussagt, Schwierigkeiten beim raschen Aufsetzen der Brille und bei deren Hinaufschieben auf die Stirn. Schmitt kommt ebenfalls in Maske; er trägt sein Kostüm noch nicht. Offenbar hat er keine Aversion wie Rudolf Fernau gegen eine Glatzenperücke. Die Glatze wirkt im Licht außerordentlich echt. Willie erinnert im Aussehen an einen Seehund, was vor allem an dem komischen Schnauzbart liegt. Beckett gefällt die Maske gut. Er macht keine Einwände und meint, daß Willie nun wohl »das richtige Alter« habe. Anlaß zu Beanstandungen geben immer noch die Requisiten. Der Schirm ist nicht fertig, das heißt, er kann an der entsprechenden Stelle noch nicht in Flammen aufgehen. Auch die Spieluhr hat noch nicht die Dimensionen, die sich Frau Schultz in Anbetracht des kleinen Sackes wünscht. Nur die Geschwindigkeit des Ablaufs der Walzermelodie ist gemäß den Wünschen Becketts reduziert worden. Längere Zeit nimmt vor der Probe die Überprüfung der Klingel in Anspruch, deren Läuten heute zum erstenmal über Tonband zu hören ist und nicht mehr durch einen Wecker angedeutet wird. Beckett bestimmt exakt die Länge der einzelnen Einsätze und deren Lautstärke. Die Klingel ertönt jeweils ungefähr eineinhalb Sekunden lang, und zwar in drei verschiedenen Stärken; sie wird kontinuierlich lauter. Das dritte Klingeln ist so laut, daß Winnies Feststellung, »Sie verletzt wie ein Messer [...] Ein Meißel« (S. 140) durchaus Berechtigung hat. Das Geräusch des Zersplitterns der Flasche, die Winnie wegwirft, soll ebenfalls über Tonband eingespielt werden, da alle Versuche, mit Requisiten diesen Effekt life herzustellen, keine befriedigenden Ergebnisse erbracht haben. Um 12 Uhr beginnt die Probe. Beckett ist heute sparsamer mit Korrekturen als an den Vortagen. Er hat sich Papier und Bleistift geben lassen und macht selbst Notizen. Hauptsächlich sind es Einzelheiten des Bewegungsablaufes, zu denen er später etwas sagt. Wenn Willie zu Anfang des Spiels zum erstenmal genügend Zeitung gelesen habe, so solle er nach Winnies Feststellung »Barchborsten« (S. 106) synchron zu ihrer Bewegung des Hinlegens der Brille seine Zeitung verschwinden lassen. Beckett wiederholt, wie er sich das Umblättern der Zeitung vorstellt, damit sich ein bestimmter akustischer Effekt einstelle. Schmitt müsse die ausgebreiteten Blätter, die er mit beiden Händen hält, zur Mitte hin langsam schließen und dann ruckartig mit einer schnellen Bewegung beider Arme nach rechts und links auseinanderziehen, so daß ein lautes Rascheln, möglichst sogar eine Art Klatschen hörbar werde. Der Spiegel, den Winnie ebenso wie die Medizinflasche fortwirft (S. 126), soll wie diese in Richtung Willie fliegen. Eine kleine Textänderung ergibt sich innerhalb der Pierer-Stärer-Erzählung. Beckett streicht den Satz »Von ihm haben! sagt sie, zum Kuckuck nochmal« (S. 130). Nach der Probe des zweiten Aktes erwähnt Beckett ausdrücklich die Gestaltung der schwierigen Passage »Ach ja ... damals ... jetzt ... buchengrün ... dies ... Charlie ... Küsse ... dies ... das alles ... große Qual für den Verstand ...« (S. 137), in deren Verlauf durch sprachliche Mittel der vergangene und der jetzige Zustand Winnies gegeneinandergestellt werden. Das sei sehr gut gewesen, lobt er Frau Schultz. Noch mehr Differenzierung wünscht er sich für eine andere Textstelle, bei der ebenfalls ein Gegensatz angedeutet werde, nämlich für die Feststellung »irgend etwas muß sich bewegen in der Welt, ich kann es nicht mehr« (S. 145). Frau Schultz solle den Kontrast zwischen Winnie und der Welt möglichst deutlich hervorkehren: in der Welt müsse sich nach ihrer Meinung etwas bewegen, sie selbst aber sei dazu nicht mehr in der Lage. Heiterkeit löst ein Vorschlag Bekketts aus, den er Schmitt macht: Willie solle beim Reinigen seiner Kopfbedeckung mit dem Zeigefinger der rechten Hand über die Innenränder des Zylinders streichen, um den dort befindlichen Schweiß zu beseitigen. Zu Willies letzter Geste bemerkt er: dieser hebe die rechte Hand bei seinem Ausruf »Win« (S. 148) und lasse sie während Winnies Gesang langsam sinken. – Gegen 14.20 Uhr ist die Probe beendet.

Samstag, 11. September 1971

Auf Wunsch von Frau Schultz findet heute wieder eine Abendprobe statt. Sie hat auch vorgeschlagen, nicht den ersten und den zweiten Akt hintereinander zu probieren, sondern den ersten Akt an diesem Abend zweimal zu spielen, den zweiten Akt bei der Probe am folgenden Tag ebenfalls zweimal. Der Beginn der Arbeit wird durch Schwierigkeiten mit den Requisiten verzögert, außerdem ist später das Spiel durch fehlende oder fehlerhafte Requisiten beeinträchtigt. Beckett läßt an diesem Abend den ersten Akt ohne Unterbrechung durchspielen. Frau Schultz selbst allerdings unterbricht einige Male, um bei einem Fehler, den sie bemerkt, die betreffende Stelle zu wiederholen, um auf diese Weise sicherer zu werden. In der

Pause teilt Beckett kaum Korrekturen mit, man berät vielmehr gemeinsam, wie Abhilfe in dem bis jetzt ungelösten Problem der unzulänglichen Requisiten geschaffen werden könne. Matias hatte vor einigen Tagen angeregt, die Spieluhr solle die Form eines kleinen Hauses haben, wie das bei der Aufführung des Stückes in Paris der Fall gewesen war. Die Requisite hat diesen Wunsch mißverstanden und auf den Holzkasten der Spieluhr ein Wetterhäuschen geklebt, wodurch dieses Requisit vollends unförmig und unhandlich geworden ist. Noch immer ist auch der Schirm nicht so präpariert, daß er während des Spiels in Flammen aufgehen kann. Nach Auskunft des Technischen Leiters, der sich selbst um die Herstellung dieses Effekts kümmert, sei seine Konstruktion »noch nicht ausgereift«. Ärger verursacht die Zahnpastatube, deren Verschluß viel zu groß ist und den die Requisite, um ihm ein »älteres« Aussehen zu geben, nur mit Farbe beschmiert hat, die offenbar nicht trocknete und nun Frau Schultz an den Fingern klebt. Man will am kommenden Montag noch einmal intensiv mit den zuständigen Abteilungen reden. Für die heutige Probe ist nicht mehr viel zu ändern. Auch bei der Wiederholung des ersten Aktes notiert sich Beckett nur wenig. Er gibt den allgemeinen Ratschlag, wenn Winnie mit Willie spreche, solle sie nicht sehr laut werden, und er wiederholt den Hinweis, der Seufzer »Ach Erde, du alte Tilgerin« (S. 124) müsse etwas Lyrisches haben. Bereinigt wird ein Mißverständnis, das schon vor längerer Zeit bei der Probenarbeit zustande gekommen und seither nicht geklärt worden ist: innerhalb der Pierer-Stärer-Erzählung muß Winnie die abschließende Feststellung »waren doch wohl Mann und – Frau« (S. 130) mit normaler Stimme sprechen und darf nicht mehr Herrn oder Frau Pierer-Stärer imitieren. Wert legt Beckett darauf, daß das erneute Hutaufsetzen Winnies am Ende des ersten Aktes (S. 134) nicht gleichzeitig mit Willies drittem Umblättern der Zeitung, sondern einen

Augenblick später erfolgt. Zum Schluß kommt er nochmals auf den Stückanfang (S. 98) zu sprechen: Winnie solle bei ihrem Gebet die Arme (Ellbogen!) nicht aufstützen. Er sagt, es entstehe dann viel mehr Spannung. Um 22.30 Uhr ist die Probe beendet.

Sonntag, 12. September 1971

Wie schon erwähnt, ist für heute eine Sonntagsprobe angesetzt, die allerdings ohne das Personal der Technik und Beleuchtung stattfindet. Beteiligt sind nur Beckett, Frau Schultz, Rudi Schmitt und der Regie-Assistent. Geprobt wird gemäß dem Wunsch von Frau Schultz der zweite Akt des Stückes, und zwar zweimal nacheinander. Die Technik hat am Wochenende die »Halskrause« im Hügel verändert; sie besteht nun nicht mehr aus Schaumgummi, sondern aus einem Stretchstoff, der sich im ersten Akt gut ausdehnen läßt, wenn er den Körper Winnies umschließen soll, und der im zweiten Akt sehr eng an Winnies Hals anliegt. Er wurde mit einem Reißverschluß versehen, so daß auch der »Einstieg« für Frau Schultz einigermaßen bequem ist. Die Souffleuse sitzt seit dem Vortag ebenfalls im Hügel; man hat für sie einen ungefähr 30 mal 30 Zentimeter großen Schlitz in der Polyesterplatte ausgesägt, damit Sichtverbindung zwischen ihr und Frau Schultz besteht. Nach vorne, gegen das Publikum hin, wurde der Schlitz durch mehrere Steine kaschiert. Diese Konstruktion bewährt sich. Ab sofort ist die Souffleuse im Zuschauerraum nicht mehr zu hören. Beim ersten Durchlauf des zweiten Aktes notiert Beckett nur wenige Hinweise, die er in der Pause bekanntgibt. Zur Feststellung »Ich habe meine Vernunft nicht verloren« (S. 139) bemerkt er, Winnie solle sie so sprechen, als ob sie sagen würde: »Ich habe vielleicht alles andere verloren, aber nicht meine Vernunft«. – Frau Schultz fragt die Anwesenden, was sie machen könne, damit ihr nicht – wie bisher – dauernd wieder Tränen in die Augen kommen. Man versucht, die Ursachen dafür zu ergründen, und stellt Vermutungen an, daß es am Material der Dekoration, dem Polyester, liegen könne, das zwar isoliert wurde, aber immer noch nicht ganz durchgetrocknet ist und infolgedessen die Augen reizt. Besonders schwierig – so sagt Frau Schultz – sei für sie das Zur-Seite-Starren am Schluß des Stückes, wenn sie Willie kommen höre und seine Annäherungversuche beobachte (S. 146). Beckett sucht für diese Stelle sofort eine Lösung zu finden. Er rät ihr, die Augen nur so weit nach rechts zu richten, als dies ohne Anstrengung möglich sei. Für das Publikum entstehe dabei der Eindruck, sie habe Willie tatsächlich im Blickfeld. Er schlägt ferner vor, beim Sprechen zweier Sätze geradeaus zu sehen; und zwar bei »Ich habe mich nicht darum kümmern können, weißt du« (S. 147) sowie bei »Oh, ich weiß, du warst nie redselig« (S. 147). Wie sich erweist, braucht Frau Schultz diese beiden »Erholungspausen« für die Augen nicht, wenn sie, wie oben beschrieben, das intensive Starren nur andeutet. Das ständige Beobachten der Aktionen Willies scheint Beckett höchst wichtig. Es wirke sehr dramatisch, meint er dazu. In der Pause kommt er auf die Gestaltung der beiden ersten Abschnitte des ersten Aktes zu sprechen, obwohl dieser heute nicht geprobt wird. Er will sie stärker »innerlich« und »privat« gespielt haben. In diesem Zusammenhang revidiert er auch eine Regieanweisung vom Vortage, diese beiden Abschnitte möglichst schnell zu sprechen. Wichtiger sei, daß das »Leise« und »Private« der Szene deutlich werde, in der Winnie mit ihren Gegenständen hantiere. Auch nach dem zweiten Durchlauf des zweiten Aktes ist Beckett sparsam mit Hinweisen oder Korrekturen. Ausführlicher geht er nur auf den Satz »Es sind Dinge, Willie« (S. 139) ein: diese Feststellung solle sehr klar gesprochen werden. Das sei wichtig. – Die Sonntagsprobe endet um 13.30 Uhr.

Montag, 13. September 1971

Ab 11 Uhr soll eine Probe ohne Kostüm, aber mit Beleuchtung und Ton stattfinden. Zum erstenmal ist heute die amerikanische Literaturwissenschaftlerin Ruby Cohn anwesend. Beckett hatte sie in der vergangenen Woche angekündigt und die Darsteller um ihr Einverständnis gebeten, daß sie die Endphase der Proben beobachten könne. Vor der Probe läßt sich Beckett das Geräusch der zerbrechenden Flasche vorspielen und ist mit der Aufnahme des Tonmeisters sofort einverstanden. Das Splittergeräusch kommt über einen Lautsprecher, der sich hinter dem Prospekt in unmittelbarer Nähe der Stelle befindet, an der die Flasche nach dem Wegwerfen landet. Zusätzlich möchte Beckett nun über Band noch ein Geräusch zerbrechenden Glases haben, wenn der Spiegel weggeworfen wird. Auch die Aufnahme, die der Tonmeister dafür anbietet, findet sogleich seine Billigung. Vor dem Durchlauf des Stückes werden nochmals die Anfänge des ersten und zweiten Aktes separat geprobt. Das Aufblenden nach dem Öffnen des Vorhanges dauert ungefähr acht Sekunden. Wenn das Licht seine volle Stärke erreicht hat, ertönt nach ungefähr vier bis fünf Sekunden die Klingel. Vor Spielbeginn stellt sich heraus, daß auch heute der für den Feuereffekt präparierte Schirm noch nicht zur Verfügung steht. Der Technische Leiter erklärt, die ursprüngliche Konstruktion sei nicht praktikabel; er wolle zur ersten Hauptprobe am Dienstag ein anderes Modell anbieten, bei dem der Flammeneffekt durch Magnesium erzeugt werde. Matias ist intensiv damit beschäftigt, Änderungen an der Dekoration zu veranlassen; vor allem wünscht er, daß die Steine, die im Vordergrund des Hügels zu sehen sind, farblich noch mehr gedämpft werden. Die Probe des ersten Aktes beginnt mit vierzig Minuten Verspätung. Sie verläuft insgesamt reibungslos. Frau Schultz läßt sich selbst durch fehlende Original-Requisiten nicht beirren und spielt mit exakter Berücksichtigung der seither von Beckett bezeichneten Korrekturen. Für den Spielablauf macht sich positiv bemerkbar, daß die Souffleuse ihren Platz im Hügel eingenommen hat und sich deshalb näher bei der Darstellerin befindet. Störend wirken immer noch die Dämpfe der Polyester-Dekoration; Frau Schultz treten Tränen in die Augen, was sie nicht allein wegen einer möglichen Beeinträchtigung ihres Spiels, sondern auch wegen der Wirkung auf das Publikum bedauert. Wenn sie Tränen in den Augen habe, befürchte sie, wie sie in der Pause sagt, entstünde für das Publikum möglicherweise der Eindruck, als ob Winnie über ihr eigenes Schicksal weine. Die Technik will versuchen, durch ein nochmaliges Isolieren des Polyesters Abhilfe zu schaffen. Beckett selbst äußert sich nur ganz spärlich zu diesen Schwierigkeiten. Er unterbricht das Spiel zwei- oder dreimal, um direkt Details zu korrigieren, macht aber Notizen für Hinweise, die er in der Pause gibt. Sie betreffen hauptsächlich Vorschläge oder Änderungen, die er früher schon einmal gemacht hat und die er nun nochmals in Erinnerung bringt. Wenn Winnie das erste Mal den Revolver hervorhole (S. 102), müsse ihn das Publikum gut sehen können. Winnie solle ihn so halten, daß er deutlich sichtbar werde, auch wenn sie ihn nur kurz aus dem Sack ziehe. Auf Willies Satz »Dr. Carolus Hunter tot« (S. 104) zeige Winnie eine deutliche Reaktion; sie öffne nach dem Wort »tot« staunend den Mund. Entgegen den ursprünglichen Anweisungen Becketts faßt Winnie mit der linken und nicht mit der rechten Hand zum Hut, um zu kontrollieren, ob er auf dem Kopf sitzt (S. 112). Beckett macht keine Einwände. Mit seiner ausdrücklichen Zustimmung verlegt Frau Schultz die erste Atempause in der schnell gesprochenen Passage von »was sehr unwahrscheinlich ist« (S. 114) hinter »ist alles was ich brauche« (S. 115). Zu Winnies Feststellung »Du scheinst da ganz gemütlich zu liegen« (S. 116) bemerkt Beckett, sie solle durchaus freundlich und wohlwollend an Willie gerichtet sein. Und er fährt fort: »Untertassen« sei natürlich ein Zitat, ein Zitat aus einem Märchen der Brüder Grimm. – Eine seiner Regieanweisungen der Vortage revidierend, bittet Beckett Frau Schultz, nach Willies Hinweis »Eier« zu dem kleinen weißen Ball, den die Emse geschleppt habe (S. 118), das Wort »Gott« nicht mit geschlossenen, sondern, wie ursprünglich vorgesehen, mit offenen Augen zu sprechen. Beim Suchen der Spieldose (S. 126) solle Winnie den Sack zu sich heranziehen und ihn wieder wegschieben, sobald sie die Dose herausgeholt habe. Das Keuchen Willies, durch das Winnie davon abgehalten wird, ihre Zahnbürste in den Sack zu stecken (S. 132), soll nur zweimal, nicht dreimal erfolgen. Das Keuchen ist einem Stöhnen nicht unähnlich. – Die Hinweise zum zweiten Akt betreffen hauptsächlich die Schlußphase vom Erscheinen Willies an. In Abänderung dessen, was er am Vortage gesagt hat, regt Beckett an, Winnie solle, wenn Willie hinter dem Hügel hervorkrieche, längere Zeit geradeaus sehen und erst zu ihm hinschauen, wenn er sich zu reinigen beginne (S. 146). Willie werfe nach Beendigung dieser Kleider-Reinigung einen längeren Blick nach vorn in den Zuschauerraum. Der Blick, den er beim Grüßen Winnies zugleich mit dem Abnehmen des Zylinders auf sie richte, dürfe nicht zu kurz sein. – Die Probe ist um 14.15 Uhr beendet.

Dienstag, 14. September 1971

Erste Hauptprobe. Auf 11 Uhr ist eine Vorprobe angesetzt, bei der Teile des ersten Aktes angespielt werden, damit die Presse Gelegenheit hat, Aufnahmen zu machen. In Gesellschaft des Literaturwissenschaftlers Harald Ebert wartet Beckett in einem Café in der Nähe des Theaters. Die Fotoprobe beginnt mit halbstündiger Verspätung, ebenso die Hauptprobe. Beckett nimmt seinen Platz am

Regiepult erst ein, als der Zuschauerraum abgedunkelt ist; vielleicht deshalb, weil Funk und Fernsehen bei der Probe zugegen sind. Sie wollen anschließend Aufnahmen machen. Der erste Akt wird ohne Unterbrechung durchgespielt. Die Technik arbeitet präzise. Sowohl die Übergänge des Lichts als auch die Ton-Einsätze geben keinen Anlaß zu Beanstandungen. Beckett notiert sich nur wenig. Matias ist offenbar während der vorangegangenen Fotoprobe nicht ausreichend zum Fotografieren gekommen; er macht jetzt seine Aufnahmen. Im Verlauf des Spiels bewährt sich die Lösung, die man für das Problem der Spieluhr gefunden hat. Die Spieluhr wird vom Inspizienten unter der Hügel-Dekoration bedient, während Frau Schultz eine Attrappe – ein Wetterhäuschen – in Händen hält. In der Pause betont Frau Schultz, wie sehr es ihr nütze, daß heute eine größere Anzahl von Personen im Zuschauerraum sei, so daß sie die Möglichkeit habe, zu erkennen, mit welchen Schwierigkeiten und Störungen sie während der Aufführungen zu rechnen habe, wenn Publikum im Saal sitze. Sie sei heute überhaupt nicht nervös, meint sie, und habe selbst die Fehler registrieren können, die ihr unterlaufen seien. Beckett erwähnt diese Fehler nicht; er will nach Ablauf des ganzen Stückes eine kurze Kritik geben. Der zweite Akt läuft ähnlich ab wie der erste. Beckett macht kaum Notizen. Die anschließende Kritik ist nur kurz. Während der Besprechung der Korrekturen scheinen sowohl Darsteller als auch Regisseur gelöst. Offenbar ist man zuversichtlich. Beckett bezieht sich bei seinen Hinweisen auf Einzelheiten, er gibt nicht nur allgemeine Ratschläge. So sagt er beispielsweise, wenn der Satz »Oh, es wird wieder ein glücklicher Tag werden« (S. 104) zum ersten Mal gesprochen werde, müsse er an dieser Stelle deutlicher als bei den nachfolgenden Wiederholungen hervorgehoben werden. Für die Szene mit der pornografischen Postkarte (S. 107) wünscht er, Frau Schultz solle durch ihr Spiel noch deutlicher den Gegensatz zwischen Winnies gespielter Entrüstung und dem offensichtlichen Vergnügen hervorkehren, das sie durch das Betrachten der Karte habe. Nach Beendigung der Kritik wollen Teams des Ersten, Zweiten und Dritten Fernseh-Programms Aufnahmen einzelner Szenen machen. Beckett selbst lehnt es strikt ab, auch nur eine Einstellung drehen zu lassen, bei der er selbst zu sehen sei, und verläßt schnell die *Werkstatt.* Matias bleibt, um den Werkstätten Änderungen an Kostüm, Maske und Requisiten zu erläutern. Keine Beanstandungen gibt es an Kostüm und Maske von Frau Schultz. Ihr Kleid ist nach der gestrigen Probe leicht grau abgetönt worden, so daß es jetzt nicht mehr so neu wirkt. Veränderungen hat es auch an Winnies Haar gegeben. Matias war die Perücke gestern zu blond und schön; nun ist sie grauer. Wie Winnies Kleid soll nun auch der Cutaway Willies behandelt werden, damit er älter, gebraucht und schäbiger wirkt. Zu weiß sind Matias Hemd und Taschentuch Willies. Er möchte sie alt, von gelblicher Farbe haben. Auf Wunsch Becketts soll Willie ein ganz kleines Taschentuch bekommen, das höchstens die Größe eines Kinder- oder Damentaschentuches hat und seinen Kopf keineswegs bedeckt, wenn er es als Sonnenschutz benutzt. Von Beckett stammt auch der Hinweis, den Matias weitergibt, im zweiten Akt dürfe an Willies Hinterkopf kein Blut mehr zu sehen sein. Von den Requisiten müssen der Sack und die Spieldosen-Attrappe (das Wetterhäuschen) ebenfalls älter gemacht, das heißt leicht grau gespritzt werden. Zu sehr in einem unnatürlichen Braunton gedunkelt sind Matias die Zeitungen, die die Requisite jetzt für das Spiel geliefert hat; es sollen andere, bessere Exemplare beschafft werden, die tatsächlich vergilbt aussehen. Die zuständigen Abteilungsleiter sagen zu, die gewünschten Änderungen bis morgen, zur zweiten Hauptprobe, vorzunehmen.

Mittwoch, 15. September 1971

Für die zweite Hauptprobe hat Frau Schultz angeregt, Angehörigen des Hauses den Besuch zu ermöglichen, die dann Auskunft über die Verständlichkeit der extrem leise gesprochenen Passagen des zweiten Teiles geben könnten. Zahlreiche Schauspielerinnen und Schauspieler des »Barlog-Ensembles« sind erschienen; unter anderem auch Berta Drews, die vor zehn Jahren unter der Regie von Walter Henn die Rolle der Winnie auf derselben Bühne gespielt hat. Beckett macht nur wenige Notizen. Das Spiel läuft nahezu fehlerlos so ab, wie es in den letzten Wochen erarbeitet worden ist. Auch Becketts neueste Anweisungen und Korrekturen der vergangenen Tage werden von Frau Schultz und Schmitt berücksichtigt. Anlaß zu Beanstandungen geben noch die Dekoration, Willies Kostüm und einzelne Requisiten. Der Sack erscheint zu grau, man hat ihn zu sehr abgespritzt. Willies Kostüm hat durch das Anspritzen im Licht einen grünlichen Schimmer, was Beckett, Matias und Schmitt sehr mißfällt. Nicht zufrieden ist Matias heute auch mit der Ausleuchtung der Szene. Er will die einzelnen Scheinwerfer noch mehr auf Winnie konzentriert und weniger Licht auf dem schwarzen Samtaushang zu beiden Seiten des Hügels haben. Probleme für Frau Schultz bringt wieder der präparierte Schirm, dessen Zündmechanismus offenbar ungenau arbeitet; jedenfalls fängt er heute zu früh an zu brennen. Keine Schwierigkeiten gibt es mit dem Ton. Die Einsätze kommen exakt und in richtiger Lautstärke. Beckett hat sich vor Beginn der Probe nochmals die einzelnen Klingelphasen vorspielen lassen und Anweisungen zu Dauer und Lautstärke gegeben. Bei der anschließenden Kritik mit den Schauspielern rät Beckett Frau Schultz, Winnie solle allgemein so fließend wie möglich sprechen, wenn nichts anderes vereinbart sei. Durch das fließende Sprechen würden die Pausen noch abrupter und

»stiller« wirken. Das Wort »seltsam« dürfe an keiner Stelle leichthin gesprochen werden, auch nicht bei »Seltsame Sache, [...] da in meinem Kopf aufzutauchen« (S. 130). Dieses Wort müsse immer etwas Befremdliches haben. Nochmals wird die Spieldauer überprüft. Der erste Akt ist ungefähr eine Stunde, der zweite eine halbe Stunde lang. Das Stück wird mit Pause gespielt. Der Vorhang wird benutzt.

Donnerstag, 16. September 1971

Generalprobe. Sie ist für Angehörige des Hauses »öffentlich«. Beckett hat seinen Platz im Zuschauerraum am Regiepult aufgegeben und sieht dem Spiel von der Galerie der *Werkstatt* aus zu. Er macht keine Kritik und beschränkt sich nach Beendigung der Probe auf eine anerkennende Bemerkung zum Spiel der Darsteller.

Freitag, 17. September 1971

Samuel Becketts Inszenierung von *Glückliche Tage* hat um 20.30 Uhr Premiere in der *Werkstatt* des Berliner Schiller-Theaters.

Szenenbilder

Bild 1 Willie reicht ihr die Karte. (S. 101)

Bild 2 Willies Hände erscheinen wieder mit dem Taschentuch. (S. 109)

Bild 3 »Ich frage dich, ob du mich einst liebenswert fandest.« (S. 119)

Bild 4 »Ich werde dich draußen lassen.« (S. 120)

Bild 5 »Das eben finde ich so wundervoll.« (S. 123)

Bild 6 »Es taucht da auf – in meinen Gedanken – ein Herr Pierer –«. (S. 128)

Bild 7 Willies Kopf erscheint. (S. 145)

Bild 8 »Win«. (S. 148)

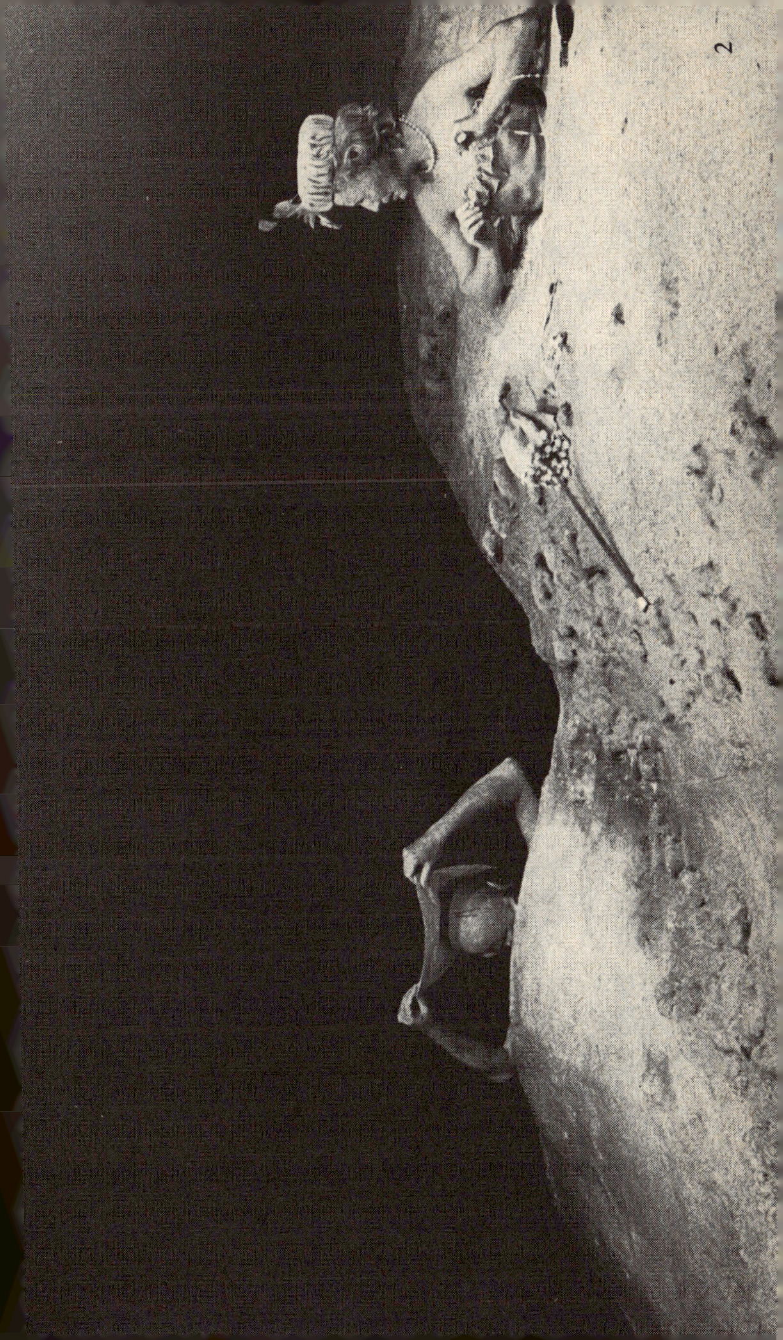

2

5

8

Anhang

Im folgenden Anhang sind Regieanweisungen Becketts, die nicht detailliert im Protokoll der einzelnen Probentage aufgeführt wurden, geordnet nach ihrer Zugehörigkeit zu einzelnen Seiten des fortlaufenden Textes, zusammengestellt. Hinter den Anweisungen ist jeweils in Klammern vermerkt, an welchem Tage sie gegeben wurden.

Zum Schluß sind nochmals alle Änderungen Becketts am deutschen Text – nach Seiten geordnet – zusammengestellt.

Seite 98

Winnie öffnet ihre Augen erst, wenn sie sich nach dem zweiten Klingeln ganz erhoben hat. (19.8.)

Das Gebet spricht sie im Ton einer Litanei. (12.8.)

Seite 100

»Ach ja« bezieht sich auf die Bürsteninschrift; es ist ein resignierendes »Ich habe es eben nicht lesen können«. (11.8.)

Die Zahnbürste soll mit den Borsten nach rechts außen, den Griff zur Mitte, mit der rechten Hand gehalten werden. Die Aufschrift »Barchborsten« wird auf dem Rücken des Bürstenstieles angenommen. (13.8.)

Beim Weglegen wird die Bürste nur mit einer Hand, beim Entziffern des Textes mit beiden Händen gehalten, sofern sich nicht etwa andere Gegenstände wie Lupe oder Brille in der linken Hand befinden. (13.8.)

Bevor Winnie sagt »wie lauten noch die wundervollen Zeilen« muß das Schütteln des Taschentuches beendet sein. (15.9.)

Das »Hu-huu!« in Richtung Willie nach dem Zitat »Flamme höllischen Lichts« soll ein beunruhigtes Hilfesuchen bei Willie sein. (12.8.)

Seite 101

Winnie legt die Brille (Beginn der Seite) doch erst – wie im Buch vorgeschrieben– nach dem Text »Wunderbare Gabe« hin und nicht, wie es im Verlauf der Proben geändert worden war, davor. (3.9.)

Das »ach ja« (Mitte der Seite) ist im Unterschied zu dem des öfteren erscheinenden »na ja« – »tief gefühlt«. (12.8.)

»Alte Augen«, das der Feststellung »Alte Dinge« folgt, stellt eine Selbstkorrektur Winnies dar, die den wahren Sachverhalt erkennt. Das Sich-selbst-Verbessern von Winnie soll sprachlich zum Ausdruck kommen. (14.8.)

Seite 103

Die Medizinflasche soll nach dem Aufsetzen der Brille hochgehalten werden, und zwar ganz oben, nahe am Verschluß, damit das Publikum sieht, wieviel Flüssigkeit sich in ihr befindet. (13.8.)

Die Feststellung »der alte Stil« taucht hier zum erstenmal im Text auf und muß deshalb klar, deutlich und laut gesprochen werden, während sie bei den Wiederholungen immer weniger betont werden soll. (3.9.)

Entgegen den Anweisungen im Text nimmt Winnie nach »prompte [...] Besserung« zum Betrachten des Inhaltes die Brille nicht ab. (3.9.)

Das »so gehts besser« wird so gesprochen, als ob eine Besserung in Winnies Befinden schon unmittelbar nach dem Trinken eingetreten sei. (13.8.)

Seite 104

»Bleiches Banner« soll mit erhobenem Kopf gesprochen werden. (13.9.)

Seite 105

Winnie hält beim zweiten Versuch, den Hut aufzusetzen, vor »Chance für fixen Jungen« den Hut mit beiden Händen. (4.9.)

Zur Betonung von »Mein erster Ball! [...] Mein zweiter Ball!« gibt Beckett den Hinweis, daß in der Erinnerung »Mein zweiter Ball!« Enttäuschung mitklingen könne. Dieser Ball sei möglicherweise nicht so schön gewesen. (11.8.)

»Mein erster Ball!« kommt »sehr ekstatisch«. (9.9.)

»Ich sehe die übereinandergestülpten Blumentöpfe« soll

langsam, träumerisch und sehr poetisch gesprochen werden. (15.9.)

Seite 108

Vor »Oh nein, wirklich« lächelt Winnie ein wenig. (13.9.)

Das Absetzen und Hinlegen der Brille, das dem »Weg damit!« folgt und das im Verlauf der Proben hinter das nachfolgende »Barchborsten« verschoben worden war, wird nun nochmals verändert; und zwar legt Winnie nun erst vor »Nun ja, was macht das schon«, wo es organischer wirkt, die Brille hin. Das Absetzen erfolgt – wie zuvor – nach »Barchborsten«. Die Handbewegung zur Wange bei »Was ist eigentlich Barch?« entfällt. Winnie behält bei diesem Satz die Brille in der Hand. (3.9.)

Seite 110

Das Wort »Lacher«, das für »Lachanfall« steht (13. Zeile von oben), soll lächelnd gesprochen werden. (17.8.)

Die Worte »der alte Witz« sind begleitet von einem bitteren Lächeln. (4.9.)

Die Feststellungen, daß Kamm und Bürste nicht da seien, müssen zügig nacheinander erfolgen. (13.9.)

Seite 111

Bei dem Satz »Oh, du wirst heute mit mir sprechen« gibt Winnie auch durch eine kleine Handbewegung, ein begeistertes Handheben, ihrer Überraschung Ausdruck. (6.9.)

Seite 112

Die Feststellung »ich kann ihn [den Hut] jetzt nicht absetzen« wird als Selbstverständlichkeit gesprochen. (25.8.)

Entgegen den Angaben im Text läßt Winnie ihre Hand vor »Golden nanntest du es« nicht sinken. (9.9.)

»An welchem Tag?« spricht Winnie verstört. (19.8.)
Die Anweisung »An welchem Tag?« verstört zu sprechen, wird auf »An jenem Tag« (eine Zeile davor) bezogen. (9.9.)
»An welchem Tag?« muß »sehr innerlich und leise« sein. (9.9.)

Seite 113
Die Anweisungen, mit denen Winnie das Zurückkriechen Willies in sein Loch dirigiert, werden zügig gesprochen. (13.9.)
Das »Da!« am Ende der Seite, wenn Willie endlich seinen Platz im Loch erreicht hat, klingt erleichtert. (17.8.)

Seite 115
Der Satz »und etwas in mir das nagt« soll langsam und sehr prononciert gesprochen werden. Zweifel, sagt Bekkett, das sei das Schlimmste für Winnie. (25.8.)
Die Feststellung »und etwas in mir das nagt« mit Schaudern in der Stimme sprechen. (13.9.)
»Oder vor mich hinstarren« langsam. (3.9.)
Das dreifache »Nein« sehr langsam. (25.8.)

Seite 116
»Kannst du mich von dort aus sehen« kommt von Winnie zögernd und vorsichtig, da sie weiß, sie sollte Willie eigentlich nicht mehr stören. (19.8.)
Das Besondere der Situation, in der sich Winnie befindet, klingt an im Satz »in dieser Weise« und muß durch eine entsprechende Betonung hervorgehoben werden. (14.8.)
Das »in dieser Weise« spricht Winnie so, als ob sie sagen würde: »in dieser lächerlichen Weise«. (25.8.)
Von Winnies Feststellung: »das Leben hat mich das gelehrt... auch das« sollen insbesondere die beiden letzten Worte bitter klingen. (25.8.)

»Hebe deine Augen« klingt »fast flehend«. (17.8.)

»Hebe deine Augen auf zu mir, Willie, und sag' mir, kannst du mich sehen« darf nicht zu sehr als Frage gesprochen werden. (25.8.)

Das optative »gebe Gott, daß ich kein Fett angesetzt habe« ist ein plötzlicher sorgenvoller Einfall. (17.8.)

Die Bewegungen, die Winnie macht, um anzuzeigen, wie sehr sich die Dinge ausdehnen, dürfen nur sehr klein sein und sollen lediglich mit den Zeigefingern ausgeführt werden. (3.9.)

Das Zupfen am Gras erfolgt nach der Handbewegung des »Ausdehnens« der Körper. (6.9.)

»Oh, ich kann mir gut vorstellen, was dir durch den Kopf geht« spricht Winnie »ein wenig geniert«. (25.8.)

Seite 117

Den Satz »jetzt muß man sie auch noch anschauen« ziemlich breit. (25.8.)

Die Worte »um es milde auszudrücken« mit erhobenem Kopf nach vorn sprechen. (3.9.)

Nach dem Kopfsenken, das dem Satz »den Himmel auf Erden« folgt, beginnt Winnie wieder am Boden zu zupfen. (6.9.)

»Etwas wie einen kleinen weißen Ball« spricht Winnie »sehr geheimnisvoll«. (6.9.)

Seite 118

»Gott« soll mehr gehaucht als gesprochen sein und kommt erst nach einer längeren Pause nach dem zweiten »Eier« Willies. (3.9.)

Winnie sagt »Gott« mit geschlossenen Augen. (10.9.)

»Gott« doch mit offenen Augen! (13.9.)

Den Satz »ich war davon überzeugt, ich täte es nie mehr, du tätest es nie mehr« langsam und nachdenklich sprechen. (25.8.)

Das Ende der Frage »vor allem über die faulen?« spricht Winnie mit einem kleinen Lächeln. (16.8.)

Mit »Nun ja, was macht das schon« wischt Winnie die zuvor gestellte Frage »Oder haben wir uns vielleicht an zwei ganz verschiedenen Dingen ergötzt?« einfach beiseite. (25.8.)

Bei dem suchenden »Und nun?« fällt der Blick Winnies auf ihre Arme. (16.8.)

Bei der Frage »War ich einst liebenswert, Willie?« verschränkt Winnie ihre Arme und legt die Hände auf die Oberarme. Sie betastet ihren eigenen Körper. (14.8.)

Während des Graszupfens muß Winnies Oberkörper aufrecht bleiben, damit es nicht so aussieht, als ob sie nach irgend etwas suche. (25.8.)

Seite 119

Das Senken des Kopfes nach »genug vom Erdenparadies«, das vor Tagen gefunden wurde, entfällt. (9.9.)

An den Satz »Zu früh zu singen, ist ein großer Fehler, finde ich« wird auf Wunsch Becketts am Schluß das Wort »immer« angefügt; er sagt, Winnie erlebe immer wieder diesen großen Fehler, den sie einmal begangen habe. (16.8.)

Beim Satz »Zu früh zu singen, ist ein großer Fehler, finde ich immer« hält Winnie schon den Kopf geneigt. (25.8.)

»Es gibt allerdings den Sack« mit einem kleinen Lächeln. (10.9.)

Winnie beantwortet sich die Frage, ob sie die Dinge, die sich im Sack befinden, aufzählen könne, mit »Nein«; dieses »Nein« soll »sehr trocken« gesprochen werden. (19.8.)

Die Frage »was hast du alles in dem großen schwarzen Sack« spricht Winnie mit neugieriger Stimme, indem sie jemand anderen nachahmt. (25.8.)

Vor »In den Tiefen vor allem« soll Winnie noch einmal einen kurzen Blick zum Sack werfen, den Kopf aber gleich wieder nach vorn drehen. (3.9.)

Nach »Tröstungen« keine Drehung. (3.9.)

Die Mahnung an sich selbst, »übertreib' es nicht Winnie«, spricht sie mit warnender Stimme. (16.8.)
Zur Selbstermahnung »Aber etwas sagt mir, übertreib' es nicht mit dem Sack«, meint Beckett, das »etwas« sei die Stimme der Vernunft. (19.8.)
»Aber etwas sagt mir« langsam und mit einer Geste des erhobenen Zeigefingers. (3.9.)
Vor »du sollst ihn freilich benützen« den erhobenen Finger senken. (3.9.)

Seite 120
Die Selbstermahnung »und übertreib' es nicht mit dem Sack« ist wieder von der Geste des erhobenen Zeigefingers begleitet. (3.9.)
Beckett gibt den Hinweis, zum Revolver spreche Winnie wie zu einem lebendigen Wesen. (14.8.)
»Du wieder!« sagt Winnie, bevor sie den Revolver ganz aus dem Sack herauszieht. (8.9.)
Das Nachahmen der Stimme Willies bei »Nimm ihn weg« leise und entsprechend sonor. (25.8.)
Bei »Ich werde dich draußen lassen« schimpft Winnie mit dem Revolver. (3.9.)
Während des Satzes »Da, da ist dein Platz« deutet Winnie mit dem Zeigefinger auf den Platz, den sie auf dem Hügel für den Revolver vorgesehen hat. (25.8.)
Vor der Frage »Ist die Schwerkraft noch die alte« wirft Winnie einen kurzen Blick zum Revolver. (6.9.)
»Ist die Schwerkraft noch die alte« sagt sie nachsinnend. (25.8.)

Seite 121
Winnie macht beim ersten »ins Blaue« eine kleine Geste, die später verstärkt wieder auftaucht bei »hinauf ins Blaue«. (6.9.)
Das Kopfsenken darf erst nach »lieblich... anzuschauen« erfolgen. (6.9.)

Der Satz »Was für ein Segen, daß nichts wächst, stell' dir vor, all dies Zeug würde zu wachsen beginnen« soll in derselben ängstlichen Stimmung gesprochen werden wie die Szene, in der Winnie die Emse entdeckt. Es sei eine Angst vor dem Lebendigen, das sie umgebe, erläutert Beckett. (16.8.)

»Was für ein Segen, daß nichts wächst« spricht Winnie sehr leise, mit Schauer in der Stimme, ganz zu sich selbst. (25.8.)

Bei »dieses Zeug« zupft sie an einzelnen (imaginären) Grasbüscheln. (16.8.)

Seite 123

Winnies Spiel soll deutlich machen, daß der Schirm schwer ist und sie ihn deshalb mit beiden Händen halten muß. (16.8.)

Seite 124

Zur Gestaltung des Seufzers »Ach Erde, du alte Tilgerin« sagt Beckett, bei »Ach« wende Winnie sich nach vorn, mache nach »Erde« eine Zäsur und spreche dann rhythmisch »du alte Tilgerin«. (27.8.)

Bevor Winnie sagt »Weißt du, was geschehen ist, Willie?« muß sie zuerst längere Zeit zu Willie schauen. (3.9.)

Seite 125

Die Worte »zurück« und »vorwärts« im Satz »zurück in die ferne Vergangenheit, vorwärts in die ferne Zukunft« unterstreicht Winnie jeweils mit einer kleinen Bewegung der rechten und linken Hand. (27.8.)

Die zwei Worte »von alledem« (letzte Zeile) sagt sie lächelnd. (26.8.)

Seite 126

Beim Satz »neben mir auf diesem Hügel« zeigt Winnie

mit dem Finger der rechten Hand auf den Platz, an dem der Schirm liegt und wieder liegen wird. (27.8.)

Bevor sie den Spiegel zerschlägt, hält sie ihn nach »Ich nehme diesen kleinen Spiegel« hoch, zeigt ihn also gewissermaßen nochmals vor. (27.8.)

Winnie soll den Spiegel wegwerfen und während er fliegt den Satz »ich werfe ihn weg« sagen. (4.9.)

Das Wegwerfen des Spiegels erfolgt in der Richtung auf Willie. (8.9.)

Im Satz »Nein, man kann nichts tun« klingt Resignation an; sie ist in Winnies Stimme deutlich zu hören. (27.8.)

Seite 127

Der Beifall Winnies für Willies Gesang soll »sehr delikat« sein; sie applaudiert nur sehr leise, mit den Fingerspitzen. (26.8.)

Die Sätze »tat es nicht« und »Konnte es nicht« prononciert. (27.8.)

Die Stelle »Seltsames Gefühl« – so Beckett – sei am wirksamsten, wenn Winnie weder die Augen noch den Kopf bewege, sondern nur ganz leise und intensiv spreche. (4.9.)

Nach »Seltsam?« verhält Winnie sich längere Zeit ganz still. (4.9.)

Seite 129

»Nun ja, ich nehme an, daß es nur natürlich ist« resignierend. (4.9.)

»Und du« langsam und prononciert. (4.9.)

Seite 130

Zur Gestaltung der Pierer-Stärer-Geschichte sagt Beckett, der Mann spreche langsam und tief, die Frau »fließend« und mit hoher Stimme. (3.9.)

Seite 131

Der Satz »Manchmal ist alles vorbei« soll bis »lange nicht so weit« zusammenhängend gesprochen werden. (13.9.)

Seite 133

Vor »Weißt du, was ich manchmal träume« eine längere Pause. (3.9.)

»Aber du kannst es nicht, ich weiß« soll ganz getrennt gesprochen werden; das »nicht« so, als ob ein Punkt dahinterstünde. (27.8.)

Auf die Frage Winnies, was ein Barch sei, antwortet Willie »Kastriertes männliches Schwein. [...] Zum Schlachten gemästet« indem er die Sätze »genießerisch« ausspricht. (21.8.)

Seite 134

Ab Willies »Chance für fixen Jungen« wird Winnie so leise, daß sie gerade noch hörbar ist. (4.9.)

Seite 135

»Sei mir gegrüßet, heiliges Licht« soll »sehr schwach« gesprochen werden. (2.9.)

»Jemand sieht mich immer noch an« lächelnd. (10.9.)

Lange Pause nach »Wie lautet noch die unvergeßliche Zeile?« (31.8.)

»Kann man immer noch von Zeit sprechen?« mit dem vorangehenden »Willie« verbinden. (7.9.)

Seite 136

Die Sätze »Es gibt so wenig, wovon man sprechen kann. *Pause.* Man spricht es alles« sollen zusammenhängend gesprochen werden; danach kommt eine Zäsur, dann der Satz »Alles, was man kann«. (31.8.)

Lange Pause vor »Früher dachte ich«. (31.8.)

Das »sage ich« und »ich sage«, das hier mehrmals vorkommt, deutlich vom anderen Text absetzen. (30.8.)

Bei »Auch der Sack ist da« lächelt Winnie ein wenig. (9.9.)

Lange Pause vor »Früher betete ich«. (31.8.)

Lange Pause nach »Nein nein«. (31.8.)

Seite 137

Das zweite »Willie!« (fünfte Zeile von oben) ruft Winnie ziemlich heftig. (30.8.)

Das zweimalige »Willie« zu Anfang der Seite ist ein Hilferuf, aber kein lauter Schrei. (31.8.)

Nach dem zweiten »Willie!« sollen die Augen Winnies noch längere Zeit nach rechts gerichtet sein. (1.9.)

Lange Pause vor »Nun ja, nicht zu wissen«. (31.8.)

»Nein nein« mit deutlicher Zäsur! (1.9.)

Die Stelle »Es tauchen Augen auf« soll ähnlich wie die Stelle gespielt werden, die textverwandt klingt, nämlich »Es taucht da auf – in meinen Gedanken – ein Herr Pierer«. (20.8.)

Im Satz »du hattest nie irgendeine Meinung über irgendetwas« klingt Resignation mit. (30.8.)

Nach »du hattest nie eine Meinung über irgendetwas« eine Zäsur. (1.9.)

Lange Pause nach »Etwas bleibt übrig«. (31.8.)

Seite 138

Bei allen Feststellungen wie »die du so bewundertest« werden die Partien, die sich auf das frühere Verhalten Willies beziehen, mit nach vorn gerichteten Augen gesprochen. (1.9.)

Die Satzteile »den du so bewundertest« oder »das du so bewundertest« sollen jeweils mit demselben Ausdruck gesprochen werden. (12.9.)

Bei »Augenbraue« muß »Augen« mehr als »braue« betont werden. (14.9.)

Bei »selbst wenn ich sie blähe« kein Blick nach vorn. (2.9.)

Die Feststellung »kein Purpur« trifft Winnie »mit Traurigkeit«. (12.9.)

Seite 139

Der Satz »Du erinnerst dich doch an Brownie« ist ein Hilferuf nach Willie. (20.8.)

Der Hilferuf »Du erinnerst dich doch an Brownie« darf nicht laut, er muß »intensiv« sein. (31.8.)

Auch der Satz »Brownie ist da« wird als Hilferuf gesprochen. (31.8.)

Nach »Vor mich hinstarren mit zusammengepreßten Lippen« soll Winnie – wie im Text vorgeschrieben – längere Zeit vor sich hinstarren und die Lippen zusammenpressen. (14.9.)

»Das war nur Logik [...] Vernunft« sagt Winnie verächtlich. (31.8.)

Bei »Wie leises ... Knistern« flüstert Winnie. (2.9.)

»Es sind Dinge, Willie« deutlich und verständlich sprechen. (9.9.)

Der Satz »In dem Sack, außerhalb des Sacks« muß normal, das heißt, mit der »Winnie-Stimme« gesprochen werden; er soll nicht so geheimnisvoll klingen wie der ihn umgebende Text. (2.9.)

Die Sätze »Es sind Dinge« und »Nimm zum Beispiel meinen kleinen Spiegel« gehören zusammen. (15.9.)

Vor »Die Klingel« (am Ende der Seite) eine lange Pause. (1.9.)

Seite 140

»Und nun, Willie?« leise. (31.8.)

Bei der Erzählung von Mildreds Püppchen soll Winnies Stimme »puppenhaft« klingen. (20.8.)

»Schuhe, Söckchen, Unterwäsche« langsam, als Aufzählung. (30.8.)

Seite 141

»Unter den Tisch kroch« ist eine Selbstverbesserung Winnies. (13.9.)

»Es scheltend... derweil«. Die im Text durch drei Punkte angedeutete Zäsur soll beim Sprechen deutlich markiert werden. (30.8.)

»Sachte, Winnie!« ganz leise. (1.9.)

Das zweimalige »Willie!« nach »Sachte, Winnie!« ist jeweils ein lauter Hilferuf. (14.9.)

Das in der Mitte der Seite nach »Jetzt nicht« eingeschriebene »Nein nein« ganz leise. (1.9.)

»Und doch...« aufgeschreckt, aber dennoch leise! (1.9.)

Seite 142

»Sie kommen [...] Sie gehen« rhythmisch sprechen. (30.8.)

»Man kann nicht singen... einfach so singen, nein« leicht und wie beiläufig sprechen. (2.9.)

»Es wallt auf, [...] die Zeit ist schlecht gewählt« als Antithese. (30.8.)

Den Satz »man unterdrückt es« als Abschluß. (30.8.)

»Kann einfach nicht singen« pointiert. (30.8.)

Die zusätzlich eingefügte Drehung der Augen nach »Die Traurigkeit nach dem Singen« entfällt. (31.8.)

Der Satz »Traurigkeit nach intimem Geschlechtsverkehr ist einem natürlich vertraut...« kann durchaus komisch wirken. (20.8.)

»Aristoteles« muß durch eine Zäsur vom Text davor abgehoben und sehr deutlich artikuliert werden. (1.9.)

Seite 143

Frau Schultz spricht den Seufzer (siebente Zeile von oben) deutlich als »Ach ja« aus; das findet die stillschweigende Billigung Becketts. (12.9.)

»Herrn Pierer – oder Stärer« nicht laut! (1.9.)

Herrn Pierers oder Stärers Frage nach Winnies Beinen kann einen erotischen Akzent haben. (20. 8.)

Seite 144

Die Passage »Papa, Mama, Bibby und ... die alte Annie« nicht sehr schnell. (1. 9.)

Den Satz »was da wohl in aller Welt los sein konnte« sehr langsam sprechen. (13. 9.)

Beim zweiten »Zu spät« eine Pause zwischen den beiden Wörtern. (1. 9.)

Das »Willie« nach »Zu spät« ist ein leiser Hilferuf. (31. 8.)

Innerhalb der Sätze »Warum das nochmal sagen« und »Warum das wieder vorbringen« (S. 145) soll das Wort »das« jeweils besonders hervorgehoben werden. (12. 9.)

Seite 145

»Winnie, du bist unveränderlich« in einem Atem. (1. 9.)

Die zweite Feststellung »Mein Nacken tut mir weh!« sehr ärgerlich. (30. 8.)

Das erste »Mein Nacken tut mir weh« ist leise, das zweite, wütende, relativ laut. (1. 9.)

»Es könnte die ewige Finsternis sein« soll erschrocken klingen. (1. 9.)

Die Sätze »Einfach Zufall, wenn ich nicht irre, glücklicher Zufall« und »O ja, ein Übermaß an Gnaden« müssen deutlich voneinander getrennt werden; sie hängen inhaltlich nicht zusammen. (1. 9.)

Seite 146

Das Ausruhen Willies vor seinem Grüßen entfällt. (12. 9.)

Die ganze Passage nach »Das ist aber ein unverhofftes Vergnügen« spricht Winnie leicht und ziemlich schnell. (14. 9.)

Bei »Ich verehre dich« imitiert Winnie Willies Stimme und spricht »flehend«. (30.8.)

Der Ton bei der Frage »Wo warst du die ganze Zeit?« mit der Winnie sich an Willie wendet, ist ziemlich scharf. (30.8.)

Seite 147

Der Satz »So ist es recht« kommt erst, wenn Winnie den Blick Willies voll aufgenommen hat. (13.9.)

Vor und nach »Nicht mehr lange jetzt, Winnie« eine lange Pause. (31.8.)

Wenn Willie zu kriechen beginnt, sagt Winnie sofort »Oh, sieh' mal einer an«. (7.9.)

Seite 148

»Nur zu, Lieber«, sagt Winnie erst, wenn Willie wieder ganz zur Ruhe gekommen ist. (13.9.)

Willies »Win« soll im Gegensatz zur Szenenanweisung laut, gut hörbar, auf Atem gesprochen sein, während Winnies Wiederholung im Gegensatz dazu ziemlich leise ist. (15.9.)

Textänderungen

Seite 102

Nach »Schlägt mit Sonnenschirmgriff nach ihm« und nach »Schlägt wieder« jeweils ein deutlich hörbares »Au« von Willie.

Seite 103

In der ersten Zeile nach »Lustlosigkeit« zusätzlich das Wort »Schwunglosigkeit«.

Nach »Geräusch zerbrechenden Glases« ein kleiner Aufschrei »Au« von Willie.

Statt »Ah, so ist's besser«, sagt Winnie »Ah, so geht's besser!«

Das Zitat von Milton »Oh, flücht'ge Freuden –« lautet in der deutschen Übersetzung, die Samuel Beckett benutzen läßt: »Oh, Paradiesesfreude hm-hm, mit ewigem Leid erkauft«.

Seite 105

Im Satz »ein Mister Johnson, oder Johnston, oder vielleicht richtiger Johnstone« ist das Wort »richtiger« durch »sogar« ersetzt.

Bei »Die zwischen den Sparren dunkelnden Schatten« präzisiert Beckett »Die zwischen den Dachsparren dunkelnden Schatten«.

Seite 107

Der Einschub in der ersten Zeile »um im alten Stil zu sprechen« ist verkürzt zu »der alte Stil«.

Statt »Wenn ich mutlos bin« (Mitte der Seite): »wenn ich mutlos werde«.

Nach »Was hast Du da, Willie, darf ich mal sehen?« ein weiteres »Willie!«

Seite 108

Nach dem Satz »Das eben finde ich so wundervoll« und einer Pause zusätzlich die Frage »Und nun?«

Seite 109

Gegen Ende der Seite lautet die veränderte Form des Satzes, der mit »So daß ich mir jederzeit sagen kann« beginnt: »selbst wenn du nicht antwortest und vielleicht nichts hörst, Winnie, Etwas davon wird gehört, du redest nicht nur zu dir selbst, das heißt in die Wüste, was dir immer unerträglich war – auf die Dauer«.

Seite 110

In der ersten Zeile ist das »um im alten Stil zu sprechen« wieder verkürzt zu »der alte Stil«.

Zwei Zeilen weiter fügt Beckett ein zusätzliches »dann« ein, so daß es heißt: »was könnte ich dann tun«.

Am Ende des ganzen Fragesatzes verkürzt er das »Schlafen« zu »Schlaf«.

Statt »Lachanfall« (Mitte der Seite) nur »Lacher«.

Seite 111

Bei »Um im alten Stil zu sprechen [...] Im süßen alten Stil« wieder die Verknappung »Der alte Stil [...] Der süße alte Stil«. Willie antwortet auf Winnies Frage nicht »Es« sondern »Er«.

Seite 112

Statt »Hut abnehmen«, das in der ersten Hälfte der Seite viermal vorkommt, sagt Winnie jeweils »Hut absetzen«.

Im Satz »und ich tat es nicht« wird »ich« gestrichen.

Die Frage »Was nun?« nach »An welchem Tag?« verändert Beckett in »Und nun?«

Seite 113

In der ersten Zeile setzt Beckett nach »fraglich ist« einen Punkt, läßt dann mit »Die Nägel pflegen« einen neuen Satz beginnen, den er nach »nötig haben« mit den Worten »und so weiter« ergänzt.

Statt »um im alten Stil zu sprechen« auch hier wieder nur »der alte Stil«.

Seite 114

Die zweimal gestellte Frage »Kannst du mich hören?« wird jeweils erweitert zu »Kannst du mich von dort aus hören?«

Mitte der Seite entfällt: »*Winnie noch leiser:* Und jetzt? *Etwas lauter:* Und jetzt? *Willie wütend:* Ja!«

Winnie sagt statt »Fürchte nicht mehr der Sonne Glut« knapper »fürchte nicht mehr Sonnenglut«.

Zwei Zeilen weiter ist das zweite »Was?« Winnies gestrichen.

Seite 115

Das »Willie« in der fünften Zeile von unten entfällt.

Statt »abgenommen« (letzte Zeile) »abgesetzt«.

Seite 116

Stark verändert wird der Satz, der mit »Die Erde ist mir sehr eng heute« beginnt; er lautet: »Die Erde ist mir sehr eng heute, gebe Gott, daß ich kein Fett angesetzt habe.« Die Satzteile »ist es möglich« und »das will ich nicht hoffen« fallen weg.

Statt »Einige weniger« (dritte Zeile von unten) sagt Winnie »Andere weniger«.

In der letzten Zeile ersetzt Beckett die Relativkonstruktion mit »daß« durch einen Infinitiv: »nicht genug damit, der Frau zuhören zu müssen«.

Seite 118

Der erste Satz von Winnies großem Monolog enthält folgende Änderung: »ich war davon überzeugt, ich täte es nie mehr, du tätest es nie mehr.«

Seite 119

Statt »Um im alten Stil zu sprechen« (Mitte der Seite) nur »Der alte Stil«.

Drei Zeilen weiter nach »finde ich« ein zusätzliches »immer«.

Seite 120

Das »Dein Elend!« gleicht Beckett grammatikalisch dem vorausgehenden Dativ an und läßt Winnie sagen »Deinem Elend!«

Seite 121

Auf Vorschlag von Frau Schultz ersetzt Beckett »der Kummer« (letztes Drittel der Seite) durch »die Melancholie«.

Nach »was für ein glücklicher Tag für mich ... es gewesen sein wird« (dritte Zeile von unten) zusätzlich: »Trotz allem«.

Seite 122

Nach der Szenenanweisung *»Dreht sich, um zum Sack zu blicken«* (dritte Zeile von oben) sagt Winnie einmal zusätzlich »Nein«. Da Winnie beim Aufspannen des Schirmes diesen als »das Ding« bezeichnet, ersetzt Beckett im nachfolgenden Satz das »er« durch »es«: »Man schiebt es immer wieder auf – es aufzuspannen – aus Angst – es zu früh aufzuspannen – und der Tag geht vorbei – ganz vorbei – ohne daß man es – überhaupt aufgespannt hat.« Nach diesem Satz streicht Beckett Szenenanweisung und Text bis (ausschließlich) »Da liegt die Gefahr«.

Seite 123

Auch hier im Satz »Ich bin es müde« geänderte Pronomina, die gedanklich auf »das Ding« bezogen sind: »Ich bin es müde, es hochzuhalten, und kann es doch nicht herunternehmen.«

Danach Strich auf »Die Vernunft sagt«.

Statt »nimm ihn herunter« wie oben »nimm es herunter«.

Der Satz »Ich kann mich nicht bewegen« ist gestrichen; danach lautet der Text wie folgt: »*Pause.* Nein, irgend etwas muß sich bewegen in der Welt. Ich kann es nicht mehr. *Pause.* Willie. *Sanft.* Hilf. *Pause.* Nein? *Pause.* Heiß' mich, dies Ding herunternehmen, Willie, wie ich es immer getan, getreulich und gehorsam.«

Das »*Sanft.* Erbarmen« im Anschluß an »Bitte, Willie« ist gestrichen.

Seite 124

Wenn Winnie nach »Sie schnuppert in der Luft, blickt auf« den brennenden Sonnenschirm sieht, stößt sie einen lauten Schrei aus.

Nach »Ach Erde, die alte Tilgerin« gebraucht sie statt »ich vermute« die Formulierung »Ich nehme an, daß dies schon einmal geschehen ist«.

Seite 126

Ungefähr Mitte der Seite fügt Beckett ein zusätzliches »eben« ein: »Das eben finde ich so wundervoll.«

Seite 127

Statt »Bis, Willie« (vierte Zeile von oben) »Da capo, Willie, bitte«.

Drei Zeilen weiter ist das »sehr verständlich« geändert in »durchaus verständlich«.

Eine weitere Änderung betrifft den Satz »Irgend etwas sagt, Hör' jetzt auf zu reden«; Beckett streicht »Irgend«

und fügt ein »mir« ein: »Etwas sagt mir, Hör' jetzt auf zu reden.«

Seite 129
Der Satz »– endet jedenfalls mit er – das schwöre ich meinem Leben –« vor »Was macht sie da? sagt er« ist gestrichen.

Seite 130
»Von ihm haben! sagt sie, zum Kuckuck nochmal« ist gestrichen.

Seite 131
Mitte der Seite entfallen folgender Text und die Szenenanweisung: »Ja, die Klingel zum Schlaf, wenn ich sie nahe fühle, und mich also rüste für die Nacht – *Geste* – in dieser Weise, manchmal täusche ich mich – *Lächeln* – aber nicht oft. *Lächeln verschwindet. Sie räumt weiter auf.*«

Seite 132
Gegen Ende der Seite ändert Beckett den Satz »Noch einen Fuß, Willie, und du bist angelangt« wie folgt: »Noch anderthalb Fuß, Willie, und du bist am Ziel.«
Gleich darauf sagt Winnie nicht »Ah!«, sondern »Da!«

Seite 133
Das nochmalige »echte reine« (achte Zeile von unten) entfällt.

Seite 134
Nach Winnies dreimaligem »Nein« (etwa Mitte der Seite) fügt Beckett zusätzlich »Sachte, Winnie!« ein.
Den Satz »Bete dein Gebet, Winnie« sagt Winnie nicht unmittelbar im Anschluß an »Dann bete«, sondern erst nach Willies »Heller Knabe gesucht« und vor »Bete dein altes Gebet, Winnie«.

Seite 135

Den ersten Satz des zweiten Aktes ändert Beckett von »Heil, heilig Licht« in »Sei mir gegrüßet, heiliges Licht«.

Seite 136

»Der alte Stil!« (erste und zweite Zeile) entfällt.

Gestrichen sind in der siebenten Zeile das Wort »damit« und in der zehnten Zeile das zweite »du«.

Seite 137

Beckett läßt das Wort »verständlich« (achte Zeile von unten) nach »Durchaus« wiederholen; Winnie sagt: »Es ist verständlich. *Pause.* Durchaus verständlich«.

Seite 138

Statt »keine Röte« sagt Winnie »kein Purpur«.

Seite 139

»Willie, neben mir« (dritte Zeile von oben) entfällt.

Seite 140

Der Artikel »Die« im Satz »Die Augen öffnen« (achte Zeile von oben) ist gestrichen.

Winnie fragt nicht »Was nun, Willie?«, sondern »Und nun, Willie?«

Statt »wo Leben früher begann« (Mitte der Seite) »wo Leben sonst begann«.

Seite 141

Nach »Jetzt nicht« (Mitte der Seite) fügt Beckett »Nein, nein« ein.

Statt »Gott gebe« (elfte Zeile von unten) »Gebe Gott«.

Seite 142

Statt »jetzt« (vierte Zeile von oben) »schon«.

Winnies Feststellung »Du würdest mit Aristoteles darin übereinstimmen, Willie, dünkt mich« (Ende der Seite) ändert Beckett wie folgt: »Ich glaube, du würdest Aristoteles darin beipflichten, Willie«; »dünkt mich« ist gestrichen.

Seite 143

Der Seufzer (siebente Zeile von oben) wird deutlich als »Ach ja« gesprochen.

Statt »Oh, nicht alle« (eine Zeile weiter) »Oh, nicht restlos«.

Vor »Leben« (dritte Zeile von unten) ein zusätzliches »noch«, so daß der Satz lautet: »Ob noch Leben in ihren Beinen ist«.

Seite 145

Winnie sagt nicht »Ah, so ist's besser«, sondern »Ah, so geht's besser«.

Beckett intensiviert das »Endlose schwarze Nacht« (Mitte der Seite) zu »Endlose pechschwarze Nacht«.

Seite 147

Statt »Na ja, was tut's« (Mitte der Seite) »Na ja, was macht das schon«.

Seite 148

Mitte der Seite entfällt mit dem Abrutschen Willies das »Wumm!« von Winnie und ihre Aufforderung »Versuch's nochmal, Willie, ich werde dich anfeuern«.

Seite 149

Die Zeilen »All die Schritte«, »Deutlich mir's beschrieb« und »Er sagt klar« sind durch ein undeutliches Lalala ersetzt.

759 Der Weg ins Freie. Fünf Lebensläufe überliefert von H. M. Enzensberger
760 Lodewijk de Boer, The Family
761 Claus Offe, Berufsbildungsreform
762 Petr Kropotkin, Ideale und Wirklichkeit in der russischen Literatur
764 Gesellschaft, Beiträge zur Marxschen Theorie 4
766 Laermann/Piechotta/Japp/Wuthenow u.a., Reise und Utopie
767 Monique Piton, Anders Leben
768 Félix Guattari, Psychotherapie, Politik und die Aufgaben der institutionellen Analyse
769 Jahoda/Lazarsfeld/Zeisel, Die Arbeitslosen von Marienthal
770 Herbert Marcuse, Zeit-Messungen
771 Brecht im Gespräch. Herausgegeben von Werner Hecht
772 Th. W. Adorno, Gesellschaftstheorie u. Kulturkritik
773 Kurt Eisner, Sozialismus als Aktion
775 Horn, Luhmann, Narr, Rammstedt, Röttgers, Gewaltverhältnisse und die Ohnmacht der Kritik
776 Reichert/Senn, Materialien zu Joyce »Ein Porträt des Künstlers«
777 Caspar David Friedrich und die deutsche Nachwelt. Herausgegeben von Werner Hofman
778 Klaus Fritzsche, Politische Romantik und Gegenrevolution
779 Literatur und Literaturtheorie. Hrsg. von Peter U. Hohendahl und Patricia Herminghouse
780 Piero Sraffa, Warenproduktion mittels Waren
782 Helmut Brackert, Bauernkrieg und Literatur
784 Friedensanalysen 1
787 Gesellschaft, Beiträge zur Marxschen Theorie 5
790 Gustav W. Heinemann, Präsidiale Reden
791 Beate Klöckner, Anna oder leben heißt streben
792 Rainer Malkowski, Was für ein Morgen
793 Von deutscher Republik. Hrsg. von Jost Hermand
794 Döbert R./Nunner-Winkler, G., Adoleszenzkrise und Identitätsbildung
795 Dieter Kühn, Goldberg-Variationen
797 Brecht Jahrbuch 1975
798 Gespräche mit Ernst Bloch. Herausgegeben von Rainer Traub und Harald Wieser
799 Volker Braun, Es genügt nicht die einfache Wahrheit
800 Karl Marx, Die Ethnologischen Exzerpthefte
801 Wlodzimierz Brus, Sozialistisches Eigentum und politisches System
802 Johannes Gröll, Erziehung im gesellschaftlichen Reproduktionsprozeß
803 Rainer Werner Fassbinder, Stücke 3

804 James K. Lyon, Bertolt Brecht und Rudyard Kipling
806 Gesellschaft, Beiträge zur Marxschen Theorie 6
807 Gilles Deleuze/Félix Guattari, Kafka. Für eine kleine Literatur
808 Ulrike Prokop, Weiblicher Lebenszusammenhang
809 G. Heinsohn / B. M. C. Knieper, Spielpädagogik
811 Ror Wolf, Auf der Suche nach Doktor Q.
812 Oskar Negt, Keine Demokratie ohne Sozialismus
815 Giselher Rüpke, Schwangerschaftsabbruch und Grundgesetz
816 Rainer Zoll, Der Doppelcharakter der Gewerkschaften
817 Bertolt Brecht, Drei Lehrstücke: Badener Lehrstück, Rundköpfe, Ausnahme und Regel
818 Gustav Landauer, Erkenntnis und Befreiung
820 Wolfgang Abendroth, Ein Leben in der Arbeiterbewegung
821 Otto Kirchheimer, Von der Weimarer Demokratie zum Faschismus
822 Verfassung, Verfassungsgerichtsbarkeit, Politik. Herausgegeben von Mehdi Tohidipur
823 Rossana Rossanda / Lucio Magri u. a., Der lange Marsch durch die Krise
824 Altvater/Basso/Mattick/Offe u. a., Rahmenbedingungen und Schranken staatlichen Handelns
825 Diskussion der ›Theorie der Avantgarde‹. Herausgegeben von W. Martin Lüdke
827 Gesellschaft, Beiträge zur Marxschen Theorie 7
828 Rolf Knieper, Weltmarkt, Wirtschaftsrecht und Nationalstaat
833 Peter Weiss, Dramen I
834 Friedensanalysen 2
835-838 Bertolt Brecht, Gedichte in 4 Bänden
841 Fernando H. Cardoso/Enzo Faletto, Abhängigkeit und Entwicklung in Lateinamerika
845 Ror Wolf, Die Gefährlichkeit der großen Ebene
847 Friedensanalysen 3
848 Dieter Wellershoff, Die Auflösung des Kunstbegriffs
849 Samuel Beckett, Glückliche Tage
852 Über Max Frisch II
853 Brecht-Jahrbuch 1976
854 Julius Fučík, Reportage unter dem Strang geschrieben
858 Silvio Blatter, Genormte Tage, verschüttete Zeit
861 Blanke/Offe/Ronge u.a., Bürgerlicher Staat und politische Legitimation. Herausgegeben von Rolf Ebbighausen
863 Gesellschaft, Beiträge zur Marxschen Theorie 8/9
864 Über Wolfgang Koeppen. Herausgegeben von Ulrich Greiner
868 Brede/Dietrich/Kohaupt, Politische Ökonomie des Bodens
873 Produktion, Arbeit, Sozialisation. Herausgegeben von Th. Leithäuser und W. R. Heinz
874 Max Frisch/Hartmut von Hentig, Zwei Reden zum Friedenspreis des Deutschen Buchhandels 1976

Alphabetisches Verzeichnis der edition suhrkamp

Abendroth, Sozialgesch. d. europ. Arbeiterbewegung 106
Abendroth, Ein Leben 820
Achternbusch, L'Etat c'est moi 551
Adam, Südafrika 343
Adorno, Drei Studien zu Hegel 38
Adorno, Eingriffe 10
Adorno, Kritik 469
Adorno, Jargon d. Eigentlichkeit 91
Adorno, Moments musicaux 54
Adorno, Ohne Leitbild 201
Adorno, Stichworte 347
Adorno, Zur Metakritik der Erkenntnistheorie 590
Adorno, Gesellschaftstheorie u. Kultur 772
Aggression und Anpassung 282
Alff, Der Begriff Faschismus 456
Alff, Materialien zum Konfinuitätsproblem 714
Althusser, Für Marx 737
Altvater/Basso/Mattick/Offe u. a., Rahmenbedingungen 824
Andersch, Die Blindheit des Kunstwerks 133
Antworten auf H. Marcuse 263
Architektur als Ideologie 243
Architektur u. Kapitalverwertung 638
Über H. C. Artmann 541
Arzt u. Patient in der Industriegesellschaft, hrsg. v. O. Döhner 643
Aspekte der Marxschen Theorie I 632
Aspekte der Marxschen Theorie II 633
Augstein, Meinungen 214
Autonomie der Kunst 592
Autorenkollektiv Textinterpretation . . ., Projektarbeit als Lernprozeß 675
Baran/Sweezy, Monopolkapital [in Amerika] 636
Barthes, Mythen des Alltags 92
Barthes, Kritik und Wahrheit 218
Basaglia, F., Die abweichende Mehrheit 537
Basaglia, F. (Hrsg.), Die negierte Institution 655
Basaglia, F. (Hrsg.), Was ist Psychiatrie? 708
Basso, L., Gesellschaftsformation u. Staatsform 720
Baudelaire, Tableaux Parisiens 34
Becker, E. / Jungblut, Strategien der Bildungsproduktion 556
Becker, H., Bildungsforschung 483
Becker, J., Felder 61
Becker, J., Ränder 351
Becker, J., Umgebungen 722
Über Jürgen Becker 552
Beckett, Aus einem aufgegeb. Werk 145
Beckett, Fin de partie / Endspiel 96
Materialien zum ›Endspiel‹ 286
Beckett, Das letzte Band 389
Beckett, Warten auf Godot 3
Beckett, Glückliche Tage 849
Beiträge zur marxist. Erkenntnistheorie 349
Benjamin, Das Kunstwerk 28
Benjamin, Über Kinder 391
Benjamin, Kritik der Gewalt 103
Benjamin, Städtebilder 17
Benjamin, Versuche über Brecht 172
Berger, Untersuchungsmethode u. soziale Wirklichkeit 712
Bergman, Wilde Erdbeeren 79
Bernhard, Amras 142
Bernhard, Fest für Boris 440
Bernhard, Prosa 213
Bernhard, Ungenach 279
Bernhard, Watten 353
Über Thomas Bernhard 401
Bertaux, Hölderlin u. d. Französ. Revol. 344
Berufsbildungsreform, hrsg. v. C. Offe 761
Blatter, Genormte Tage 858
Blanke u. a., Bürgerlicher Staat 861
Bloch, Avicenna 22
Bloch, Ästhetik des Vor-Scheins I 726
Bloch, Ästhetik des Vor-Scheins II 732
Bloch, Das antizipierende Bewußtsein 585
Bloch, Christian Thomasius 193
Bloch, Durch die Wüste 74
Bloch, Über Hegel 413
Bloch, Pädagogica 455
Bloch, Tübinger Einleitung in die Philosophie I 11
Bloch, Tübinger Einleitung in die Philosophie II 58
Bloch, Über Karl Marx 291
Bloch, Vom Hasard zur Katastrophe 534
Bloch, Widerstand und Friede 257
Block, Ausgewählte Aufsätze 71
Blumenberg, Kopernikan. Wende 138
Böhme, Soz.- u. Wirtschaftsgesch. 253
Bock, Geschichte des ›linken Radikalismus‹ in Deutschland 645
Boer, Lodewijk de, The Family 760
Böckelmann, Theorie der Massenkommunikation 658
du Bois-Reymond, B. Söll, Neuköllner Schulbuch, 2 Bände 681
du Bois-Reymond, M., Strategien kompensa-

tor. Erziehung 507
Bond, Gerettet / Hochzeit d. Papstes 461
Brackert, Bauernkrieg 782
Brandt u. a., Zur Frauenfrage im Kapitalismus 581
Brandys, Granada 167
Braun, Gedichte 397
Braun, Es genügt nicht die einfache Wahrheit 799
Brecht, Antigone / Materialien 134
Brecht, Arturo Ui 144
Brecht, Ausgewählte Gedichte 86
Brecht, Baal 170
Brecht, Baal der asoziale 248
Brecht, Brotladen 339
Brecht, Das Verhör des Lukullus 740
Brecht, Der gute Mensch v. Sezuan 73
Materialien zu ›Der gute Mensch . . .‹ 247
Brecht, Der Tui-Roman 603
Brecht, Die Dreigroschenoper 229
Brecht, Die heilige Johanna der Schlachthöfe 113
Brecht, Die heilige Johanna / Fragmente und Varianten 427
Brecht, Die Maßnahme 415
Brecht, Die Tage der Commune 169
Brecht, Furcht u. Elend d. 3. Reiches 392
Brecht, Gedichte u. Lieder aus Stücken 9
Brecht, Herr Puntila 105
Brecht, Im Dickicht der Städte 246
Brecht, Jasager – Neinsager 171
Brecht, Die Geschäfte des Julius Cäsar 332
Brecht, Kaukasischer Kreidekreis 31
Materialien zum ›Kreidekreis‹ 155
Brecht, Kuhle Wampe 362
Brecht, Leben des Galilei 1
Materialien zu ›Leben des Galilei‹ 44
Brecht, Leben Eduards II. 245
Brecht, Stadt Mahagonny 21
Brecht, Mann ist Mann 259
Brecht, Mutter Courage 49
Materialien zu ›Mutter Courage‹ 50
Materialien zu ›Die Mutter‹ 305
Brecht, Die Mutter (Regiebuch) 517
Brecht, Über Realismus 485
Brecht, Über d. Beruf d. Schauspielers 384
Brecht, Schweyk im zweiten Weltkrieg 132
Materialien zu ›Schweyk im zweit. Weltkrieg‹ 604
Brecht, Die Gesichter der Simone Machard 369
Brecht, Über Politik und Kunst 442
Brecht, Über experiment. Theater 377
Brecht, Trommeln in der Nacht 490
Brecht, Über Lyrik 70
Brecht, Gedichte in 4 Bänden 835-38
Brecht-Jahrbuch 1974 758
Brecht-Jahrbuch 1975 797
Brecht-Jahrbuch 1976 873
Brecht, Drei Lehrstücke 817
Brecht im Gespräch, hrsg. von Werner Hecht 771
Brechts Modell der Lehrstücke, hrsg. von Rainer Steinweg
Brede u. a., Determinanten d. Wohnungsversorgung 745
Brede u. a., Politische Ökonomie d. Bodens 868
Bredekamp, Kunst als Medium sozialer Konflikte 763
Materialien zu H. Brochs ›Die Schlafwandler‹ 571
Brooks, Paradoxie im Gedicht 124
Brus, Funktionsprobleme d. sozialist. Wirtschaft 472
Brus, W., Sozialistisches Eigentum 801
Bubner, Dialektik u. Wissenschaft 597
Bürger, Die französ. Frühaufklärung 525
Bürger, Theorie der Avantgarde 727
Bulthaup, Zur gesellschaftl. Funktion der Naturwissenschaften 670
Burke, Dichtung als symbol. Handlung 153
Burke, Rhetorik in Hitlers ›Mein Kampf‹ 231
Busch, Die multinationalen Konzerne 741
Cardoso/Faletto, Abhängigkeit 841
Caspar D. Friedrich u. d. dt. Nachwelt, hrsg. v. W. Hofmann 777
Celan, Ausgewählte Gedichte 262
Über Paul Celan 495
Chasseguet-Smirgel (Hrsg), Psychoanalyse der weiblichen Sexualität 697
Chomsky, Aus Staatsraison 736
Clemenz, Gesellschaftl. Ursprünge des Faschismus 550
Cooper, Psychiatrie u. Anti-Psychiatrie 497
Córdova/Michelena, Lateinamerika 311
Creeley, Gedichte 227
Dallemagne, Die Grenzen der Wirtschaftspolitik 730
Damus, Entscheidungsstrukturen in der DDR-Wirtschaft 649
Deleuze/Guattari, Kafka 807
Determinanten der westdeutschen Restauration 1945-1949 575
Deutsche und Juden 196
Dobb, Organis. Kapitalismus 166
Döbert, R./Nunner-Winkler, G,. Adoleszenzkrise und Identitätsbildung 794
Dorst, Eiszeit 610
Dorst, Toller 294
Über Tankred Dorst (Werkbuch) 713
Drechsel u. a., Massenzeichenware 501
Doras, Ganze Tage in den Bäumen 80
Duras, Hiroshima mon amour 26

Eckensberger, Sozialisationsbedingungen d. öffentl. Erziehung 466
Eich, Abgelegene Gehöfte 288
Eich, Botschaften des Regens 48
Eich, Mädchen aus Viterbo 60
Eich, Setúbal / Lazertis 5
Eich, Marionettenspiele / Unter Wasser 89
Über Günter Eich 402
Eichenbaum, Theorie u. Gesch. d. Literatur 119
Eisner, Sozialismus als Aktion 773
Eliot, Die Cocktail Party 98
Eliot, Der Familientag 152
Eliot, Mord im Dom 8
Eliot, Was ist ein Klassiker? 33
Enzensberger, Blindenschrift 217
Enzensberger, Deutschland 203
Enzensberger, Einzelheiten I 63
Enzensberger, Einzelheiten II 87
Enzensberger, Landessprache 304
Enzensberger, Das Verhör von Habana 553
Enzensberger, Palaver 696
Enzensberger, Der Weg ins Freie 759
Über H. M. Enzensberger 403
Erkenntnistheorie, marxist. Beiträge 349
Eschenburg, Über Autorität 129
Euchner, Egoismus und Gemeinwohl 614
Expressionismusdebatte, hrsg. von H. J. Schmitt 646
Fassbinder, Antiteater 443
Fassbinder, Antiteater 2 560
Fassbinder, Stücke 3 803
Fleischer, Marxismus und Geschichte 323
Materialien zu M. F. Fleißer 594
Foucault, Psychologie u. Geisteskrankheit 272
Frauenarbeit – Frauenbefreiung, hrsg. v. A. Schwarzer 637
Frauenfrage im Kapitalismus 581
Frerichs/Kraiker, Konstitutionsbedingungen 685
Friedensanalysen 1 784
Friedensanalysen 2 834
Friedensanalysen 3 847
Frisch, Ausgewählte Prosa 36
Frisch, Biedermann u. d. Brandstifter 41
Frisch, Die chinesische Mauer 65
Frisch, Don Juan oder Die Liebe zur Geometrie 4
Frisch, Frühe Stücke. Santa Cruz / Nun singen sie wieder 154
Frisch, Graf Öderland 32
Frisch, Öffentlichkeit 209
Frisch, Zürich – Transit 161
Frisch/Hentig, Zwei Reden 874
Über Max Frisch 404
Über Max Frisch II 852
Fritzsche, Politische Romantik 778
Fromm, Sozialpsychologie 425
Fučík, Reportage unter dem Strang geschrieben 854
Fuegi/Grimm/Hermand (Hrsg.), Brecht-Jahrbuch 1974 758
Gastarbeiter 539
Gefesselte Jugend / Fürsorgeerziehung 514
Geiss, Geschichte u. Geschichtswissenschaft 569
Germanistik 204
Gesellschaft, Beiträge zur Marxschen Theorie I 695
Gesellschaft, Beiträge zur Marxschen Theorie II 731
Gesellschaft, Beiträge zur Marxschen Theorie III 739
Gesellschaft, Beiträge zur Marxschen Theorie IV 764
Gesellschaft, Beiträge zur Marxschen Theorie V 787
Gesellschaft, Beiträge zur Marxschen Theorie VI 806
Gesellschaft, Beiträge zur Marxschen Theorie VII 827
Gesellschaft, Beiträge zur Marxschen Theorie VIII/IX 863
Gesellschaftsstrukturen, hrsg. v. O. Negt u. K. Meschkat 589
Gespräche mit Ernst Bloch, Hrsg. von Rainer Traub und Harald Wieser 798
Goeschel/Heyer/Schmidbauer, Soziologie der Polizei I 380
Goffman, Asyle 678
Goldscheid/Schumpeter, Finanzkrise 698
Grass, Hochwasser 40
Gröll, Erziehung 802
Guattari, Psychotherapie 768
Guérin, Anarchismus 240
Haavikko, Jahre 115
Habermas, Logik d. Sozialwissenschft. 481
Habermas, Protestbewegung u. Hochschulreform 354
Habermas, Technik u. Wissenschaft als Ideologie 287
Habermas, Legitimationsprobleme im Spätkapitalismus 623
Hacks, Das Poetische 544
Hacks, Stücke nach Stücken 122
Hacks, Zwei Bearbeitungen 47
Handke, Die Innenwelt 307
Handke, Kaspar 322
Handke, Publikumsbeschimpfung 177
Handke, Wind und Meer 431
Handke, Ritt über den Bodensee 509
Über Peter Handke 518
Hannover, Rosa Luxemburg 233

Hartig/Kurz, Sprache als soz. Kontrolle 543
Haug, Kritik d. Warenästhetik 513
Haug, Bestimmte Negation 607
Haug, Warenästhetik. Beiträge zur Diskussion 657
Hecht, Sieben Studien über Brecht 570
Hegel im Kontext 510
Hegels Philosophie 441
Heinemann, Präsidiale Reden 790
Heinsohn/Knieper, Theorie d. Familienrechts 747
Heinsohn/Knieper, Spielpädagogik 809
Heller, E., Nietzsche 67
Heller, E., Studien zur modernen Literatur 42
Hennicke (Hrsg.), Probleme d. Sozialismus i. d. Übergangsgesellschaften 640
Hennig, Thesen z. dt. Sozial- u. Wirtschaftsgeschichte 662
Henrich, Hegel im Kontext 510
Herbert, Ein Barbar 1 111
Herbert, Ein Barbar 2 365
Herbert, Gedichte 88
Hermand, J., Von deutscher Republik 793
Hesse, Geheimnisse 52
Hesse, Tractat vom Steppenwolf 84
Hildesheimer, Das Opfer Helena / Monolog 118
Hildesheimer, Interpretationen zu Joyce u. Büchner 297
Hildesheimer, Mozart / Beckett 190
Hildesheimer, Nachtstück 23
Hildesheimer, Herrn Walsers Raben 77
Über Wolfgang Hildesheimer 488
Hirsch, Wiss.-techn. Fortschritt i. d. BRD 437
Hirsch/Leibfried, Wissenschafts- u. Bildungspolitik 480
Hirsch, Staatsapparat u. Reprod. des Kapitals 704
Hobsbawm, Industrie und Empire I 315
Hobsbawm, Industrie und Empire II 316
Hochmann, Thesen zu einer Gemeindepsychiatrie 618
Hoffmann-Axthelm, Theorie der künstler. Arbeit 682
Hoffmann, H. (Hrsg.), Perspektiven kommunaler Kulturpolitik 718
Hofmann, Universität, Ideologie u. Gesellschaft 261
Hondrich, Theorie der Herrschaft 599
Horn, Dressur oder Erziehung 199
Horn u. a., Gewaltverhältnisse u. d. Ohnmacht d. Kritik 775
Horn (Hrsg.), Gruppendynamik u. ›subjekt. Faktor‹ 538
Hortleder, Gesellschaftsbild d. Ingenieurs 394
Hortleder, Ingenieure in der Industriegesellschaft 663
Horvat, B., Die jugoslaw. Gesellschaft 561
(Horváth) Materialien zu Ödön v. H. 436
Materialien zu H., ›Geschichten aus dem Wienerwald‹ 533
Materialien zu H., ›Glaube Liebe Hoffnung‹ 671
Materialien zu H., ›Kasimir und Karoline‹ 611
Über Ödön v. Horváth 584
Hrabal, Tanzstunden 126
Hrabal, Zuglauf überwacht 256
(Huchel) Über Peter Huchel 647
Huffschmid, Politik des Kapitals 313
Imperialismus und strukturelle Gewalt, hrsg. von D. Senghaas 563
Information über Psychoanalyse 648
Internat. Beziehungen, Probleme der 593
Jaeggi, Literatur und Politik 522
Jahoda u. a., Die Arbeitslosen v. Marienthal 769
Jakobson, Kindersprache 330
Jauß, Literaturgeschichte 418
Johnson, Das dritte Buch über Achim 100
Johnson, Karsch 59
Über Uwe Johnson 405
(Joyce, J.) Materialien zu J., ›Dubliner‹ 357
Joyce, St., Dubliner Tagebuch 216
Jugendkriminalität 325
Kalivoda, Marxismus 373
Kapitalismus, Peripherer, hrsg. von D. Senghaas 652
Kasack, Das unbekannte Ziel 35
Kaschnitz, Beschreibung eines Dorfes 188
Kino, Theorie des 557
Kipphardt, Hund des Generals 14
Kipphardt, Joel Brand 139
Kipphardt, In Sachen Oppenheimer 64
Kipphardt, Die Soldaten 273
Kipphardt, Stücke I 659
Kipphardt, Stücke II 677
Kirche und Klassenbindung, hrsg. v. Y. Spiegel 709
Kirchheimer, Politik und Verfassung 95
Kirchheimer, Funktionen des Staates u. d. Verfassung 548
Kirchheimer, Von der Weimarer Demokratie 821
Klöckner, Anna 791
Kluge/Negt, Öffentlichkeit und Erfahrung 639
Kluge, Lernprozesse mit tödlichem Ausgang 665
Kluge, Gelegenheitsarbeit einer Sklavin 733
Knieper, Weltmarkt 828
Kommune i. d. Staatsorganisation 680
Über Wolfgang Koeppen 864
Kracauer, Straßen in Berlin 72

Kraiker/Frerichs, Konstitutionsbedingungen 685
Kritische Friedenserziehung 661
Kritische Friedensforschung 478
Kroetz, Drei Stücke 473
Kroetz, Oberösterreich u. a. 707
Kroetz, Vier Stücke 586
Krolow, Ausgewählte Gedichte 24
Krolow, Landschaften für mich 146
Krolow, Schattengefecht 78
Über Karl Krolow 527
Kropotkin, Ideale und Wirklichkeit 762
Kühn, Grenzen des Widerstands 531
Kühn, Unternehmen Rammbock 683
Kühnl/Rilling/Sager, Die NPD 318
Kühn, Goldberg-Variationen 795
Kulturpolitik, Kommunale 718
Kunst, Autonomie der 592
Laermann, u.a., Reise und Utopie 766
Laing, Phänomenologie der Erfahrung 314
Laing/Cooper, Vernunft und Gewalt 574
Laing/Phillipson/Lee, Interpers. Wahrnehmung 499
Landauer, Erkenntnis und Befreiung 818
Lefebvre, H., Marxismus heute 99
Lefebvre, H., Dialekt. Materialismus 160
Lefebvre, H., Metaphilosophie 734
Lehrlingsprotokolle 511
Lehrstück Lukács, hrsg. v. I. Matzur 554
Leithäuser/Heinz, Produktion, Arbeit, Sozialisation 873
Lempert, Berufliche Bildung 699
Lenhardt, Berufliche Weiterbildung 744
Lévi-Strauss, Ende d. Totemismus 128
Liberman, Methoden d. Wirtschaftslenkung im Sozialismus 688
Linhartová, Geschichten 141
Literaturunterricht, Reform 672
Lippe, Bürgerliche Subjektivität 749
Literatur und Literaturtheorie, hrsg. von Hohendahl u. P. Herminghouse 779
Lorenz, Sozialgeschichte der Sowjetunion 1 654
Lorenzer, Kritik d. psychoanalyt. Symbolbegriffs 393
Lorenzer, Gegenstand der Psychoanalyse 572
Lotman, Struktur d. künstler. Textes 582
Lukács, Heller, Márkus u. a., Individuum und Praxis 545
Lyon, Bertolt Brecht und Rudyard Kipling 804
Majakowskij, Wie macht man Verse? 62
Malkowski, Was für ein Morgen 792
Mandel, Marxist. Wirtschaftstheorie, 2 Bände 595/96
Mandel, Der Spätkapitalismus 521
Marcuse, Versuch über die Befreiung 329
Marcuse, H., Konterrevolution u. Revolte 591
Marcuse, Kultur u. Gesellschaft I 101
Marcuse, Kultur u. Gesellschaft II 135
Marcuse, Theorie der Gesellschaft 300
Marcuse, Zeit-Messungen 770
Marx, Die Ethnologischen Exzerpthefte 800
Marxist. Rechtstheorie, Probleme der 729
Marxsche Theorie, Aspekte, I 632
Marxsche Theorie, Aspekte, II 633
Massing, Polit. Soziologie 724
Mattick, Spontaneität und Organisation 735
Mattick, Beiträge zur Kritik des Geldes 723
Matzur, J. (Hrsg.), Lehrstück Lukács 554
Mayer, H., Anmerkungen zu Brecht 143
Mayer, H., Anmerkungen zu Wagner 189
Mayer, H., Das Geschehen u. d. Schweigen 342
Mayer, H., Repräsentant u. Märtyrer 463
Mayer, H., Über Peter Huchel 647
Meier, Begriff ›Demokratie‹ 387
Meschkat/Negt, Gesellschaftsstrukturen 589
Michel, Sprachlose Intelligenz 270
Michels, Polit. Widerstand in den USA 719
Mitbestimmung, Kritik der 358
Mitscherlich, Krankheit als Konflikt I 164
Mitscherlich, Krankheit als Konflikt II 237
Mitscherlich, Unwirtlichkeit unserer Städte 123
Mittelstraß, J. (Hrsg.) Methodologische Probleme 742
Monopol und Staat, hrsg. v. R. Ebbinghausen 674
Moral und Gesellschaft 290
Moser, Repress. Krim.psychiatrie 419
Moser/Künzel, Gespräche mit Eingeschlossenen 375
Most, Kapital und Arbeit 587
Münchner Räterepublik 178
Mukařovský, Ästhetik 428
Mukařovský, Poetik 230
Napoleoni, Ökonom. Theorien 244
Napoleoni, Ricardo und Marx, hrsg. von Cristina Pennavaja 702
Negt/Kluge, Öffentlichkeit u. Erfahrung 639
Negt/Meschkat, Gesellschaftsstrukturen 589
Negt, Keine Demokratie 812
Neues Hörspiel O-Ton, hrsg. von K. Schöning 705
Neumann-Schönwetter, Psychosexuelle Entwicklung 627
Nossack, Das Mal u. a. Erzählungen 97
Nossack, Das Testament 117
Nossack, Der Neugierige 45
Nossack, Der Untergang 19
Nossack, Pseudoautobiograph. Glossen 445
Über Hans Erich Nossack 406

Nyssen (Hrsg.), Polytechnik in der BRD? 573
Obaldia, Wind in den Zweigen 159
v. Oertzen, Die soz. Funktion des staatsrechtl. Positivismus 660
Oevermann, Sprache und soz. Herkunft 519
Offe, Strukturprobleme d. kapitalist. Staates 549
Offe, Berufsbildungsreform 761
Olson, Gedichte 112
Ostaijen, Grotesken 202
Parker, Meine Sprache bin ich 728
Peripherer Kapitalismus, hrsg. von D. Senghaas 652
Perspektiven der kommunalen Kulturpolitik, hrsg. v. H. Hoffmann 718
Piton, Anders leben 767
Pozzoli, Rosa Luxemburg 710
Preuß, Legalität und Pluralismus 626
Price, Ein langes glückl. Leben 120
Probleme d. intern. Beziehungen 593
Probleme d. marxist. Rechtstheorie 729
Probleme d. Sozialismus u. der Übergangsgesellschaften 640
Probleme einer materialist. Staatstheorie, hrsg. v. J. Hirsch 617
Projektarbeit als Lernprozeß 675
Prokop, Massenkultur u. Spontaneität 679
Prokop U., Weiblicher Lebenszusammenhang 808
Pross, Bildungschancen v. Mädchen 319
Prüß, Kernforschungspolitik i. d. BRD 715
Psychiatrie, Was ist . . . 708
Psychoanalyse als Sozialwissensch. 454
Psychoanalyse, Information über 648
Psychoanalyse d. weibl. Sexualität 697
Queneau, Mein Freund Pierrot 76
Rajewsky, Arbeitskampfrecht 361
Reform d. Literaturunterrichts, hrsg. v. H. Brackert / W. Raitz 672
Reichert/Senn, Materialien zu Joyce ›Ein Porträt d. Künstlers‹ 776
Restauration, Determinanten d. westdt. R. 575
Ritsert (Hrsg.), Zur Wissenschaftslogik 754
Ritter, Hegel u. d. Französ. Revolution 114
Ritter-Röhr, D. (Hrsg.) Der Arzt, sein Patient und die Gesellschaft 746
Rocker, Aus d. Memoiren eines dt. Anarchisten 711
Rolshausen, Wissenschaft 703
Rossanda, Über Dialektik v. Kontinuität u. Bruch 687
Rossanda/Magri, Der lange Marsch 823
Rottleuthner (Hrsg.), Probleme d. marxist. Rechtstheorie 729
Runge, Bottroper Protokolle 271
Runge, Frauen 359
Runge, Reise nach Rostock 479
Rüpke, Schwangerschaftsabbruch 815
Russell, Probleme d. Philosophie 207
Russell, Wege zur Freiheit 447
Sachs, Das Leiden Israels 51
Sandkühler, Praxis u. Geschichtsbewußtsein 529
Sarraute, Schweigen / Lüge 299
Schäfer/Edelstein/Becker, Probleme d. Schule (Beispiel Odenwaldschule) 496
Schäfer/Nedelmann, CDU-Staat 370
Schedler, Kindertheater 520
Scheugl/Schmidt jr., Eine Subgeschichte d. Films, 2 Bände 471
Schklowskij, Schriften zum Film 174
Schklowskij, Zoo 130
Schlaffer, Der Bürger als Held 624
Schlaffer, Studien zum ästhetischen Historismus 756
Schmidt, Ordnungsfaktor 487
Schmitt, Expressionismus-Debatte 646
Schneider/Kuda, Arbeiterräte 296
Schnurre, Kassiber / Neue Gedichte 94
Scholem, Judentum 414
Schram, Die perman. Revolution i. China 151
Schütze, Rekonstrukt. d. Freiheit 298
Schule und Staat im 18. u. 19. Jh., hrsg. v. K. Hartmann, F. Nyssen, H. Waldeyer 694
Schwarzer (Hrsg.), Frauenarbeit – Frauenbefreiung 637
Sechehaye, Tagebuch einer Schizophrenen 613
Segmente der Unterhaltungsindustrie 651
Senghaas, Rüstung und Materialismus 498
Setzer, Wahlsystem in England 664
Shaw, Caesar und Cleopatra 102
Shaw, Der Katechismus d. Umstürzlers 75
Söll/du Bois-Reymond, Neuköllner Schulbuch, 2 Bände 681
Sohn-Rethel, Geistige u. körperl. Arbeit 555
Sohn-Rethel, Ökonomie u. Klassenstruktur d. dt. Faschismus 630
Sozialistische Realismuskonzeptionen 701
Spazier/Bopp, Grenzübergänge. Psychotherapie 738
Spiegel (Hrsg.), Kirche u. Klassenbindung 709
Sraffa, Warenproduktion 780
Sternberger, Bürger 224
Straschek, Handbuch wider das Kino 446
Streik, Theorie und Praxis 385
Strindberg, Ein Traumspiel 25
Struck, Klassenliebe 629
Sweezy, Theorie d. kapitalist. Entwicklung 433
Sweezy/Huberman, Sozialismus in Kuba 426
Szondi, Über eine freie Universität 620

Szondi, Hölderlin-Studien 379
Szondi, Theorie d. mod. Dramas 27
Tardieu, Imaginäres Museum 131
Technologie und Kapital 598
Teige, Liquidierung der ›Kunst‹ 278
Tibi, Militär u. Sozialismus i. d. Dritten Welt 631
Tiedemann, Studien z. Philosophie Walter Benjamins 644
›Theorie der Avantgarde‹ hrsg. v. W. Martin Lüdke 825
Tohidipur (Hrsg.), Verfassung 822
Toleranz, Kritik der reinen 181
Toulmin, Voraussicht u. Verstehen 292
Tumler, Nachprüfung eines Abschieds 57
Tynjanov, Literar. Kunstmittel 197
Ueding, Glanzvolles Elend. Versuch über Kitsch u. Kolportage 622
Unterhaltungsindustrie, Segmente der 651
Uspenskij, Poetik der Komposition 673
Vossler, Revolution von 1848 210
Vyskočil, Knochen 211
Walser, Abstecher / Zimmerschlacht 205
Walser, Heimatkunde 269
Walser, Der Schwarze Schwan 90
Walser, Die Gallistl'sche Krankheit 689
Walser, Eiche und Angora 16
Walser, Ein Flugzeug über d. Haus 30
Walser, Kinderspiel 400
Walser, Leseerfahrungen 109
Walser, Lügengeschichten 81
Walser, Überlebensgroß Herr Krott 55
Walser, Wie u. wovon handelt Literatur 642
Über Martin Walser 407
Was ist Psychiatrie?, hrsg. v. F. Basaglia 708
Weber, Über d. Ungleichheit d. Bildungschancen in der BRD 601
Wehler, Geschichte als Histor. Sozialwissenschaft 650
Weiss, Abschied von den Eltern 85
Weiss, Dramen I 833
Weiss, Fluchtpunkt 125
Weiss, Gesang v. Lusitanischen Popanz 700
Weiss, Gespräch d. drei Gehenden 7
Weiss, Jean Paul Marat 68
Materialien zu ›Marat/Sade‹ 232
Weiss, Rapporte 2 444
Weiss, Schatten des Körpers 53
Über Peter Weiss 408
Wellek, Konfrontationen 82
Wellershoff, Die Auflösung des Kunstbegriffs 848
Wellmer, Gesellschaftstheorie 335
Wesker, Die Freunde 420
Wesker, Die Küche 542
Wesker, Trilogie 215
Winckler, Studie z. gesellsch. Funktion faschist. Sprache 417
Winckler, Kulturwarenproduktion / Aufsätze z. Literatur- u. Sprachsoziologie 628
Wirth, Kapitalismustheorie in der DDR 562
Witte (Hrsg.), Theorie des Kinos 557
Wittgenstein, Tractatus 12
Wolf, Danke schön 331
Wolf, Fortsetzung des Berichts 378
Wolf, mein Famili 512
Wolf, Pilzer und Pelzer 234
Wolf, Auf der Suche nach Doktor Q. 811
Wolf, Die Gefährlichkeit 845
Über Ror Wolf 559
Wolff/Moore/Marcuse, Kritik d. reinen Toleranz 181
Zoll, Der Doppelcharakter der Gewerkschaften 816